Marco Mariucci

PENSIERI SPARSI

Indice

Prefazione

Questo libro è composto da una serie di articoli che ho scritto dal 2006 al 2011 sul notiziario Salute! dell'Associazione Italiana per la Promozione della Salute.

Sono articoli scritti da uno psicologo per le persone che ogni giorno affrontano la propria vita e che sanno poco o nulla della psicologia in mano agli esperti, molto diversa da quella raccontata da molti Mass Media e dalla maggior parte dei film e degli spettacoli di intrattenimento.

Con mia sorpresa ho scoperto che non solo è piaciuto alla "gente" ma anche a molti dei miei colleghi che vi trovano spunti di riflessioni e di dibattito.

Ho diviso gli articoli in sezioni, cercando di aggregare le tematiche simili o complementari. Come conseguenza potreste notare delle differenze nello stile di scrittura, in quanto articoli "vecchi" convivono con articoli più recenti.

Vi consegno quindi questo libro che suggerisco di leggere con leggerezza ma anche con attenzione, perché se le cose sono scritte in maniera semplice non vuol dire necessariamente che siano banali.

Come al solito vi invito a leggere non perdendo il vostro spirito critico e la vostra esperienza umana. Le mie in fondo sono solo opinioni personali, di una persona che ha dedicato e dedica tuttora la sua vita alle persone come psicologo, ma che è pur sempre un essere umano con le sue difficoltà e il suo bagaglio di errori.

Buona lettura.

Bimbi, scuole e salute

Salute mentale e bambini

Mi capita sempre più di frequente di entrare in contatto con genitori che portano i propri figli (dalla prima infanzia all'adolescenza) da psicoterapeuti, per aiutarli a risolvere alcuni problemi di natura psicologica e comportamentale.

L'idea che a volte mi faccio sentendoli parlare è che il figlio abbia contratto una sorta di malattia, un "virus", che l'abbia in qualche modo fatto diventare scontroso, inappetente, aggressivo, asociale, disubbidiente o infantile, e che a tale scopo viene portato dallo psicologo per essere corretto, aiutato a rispondere in maniera matura (proporzionalmente alla propria età) alle problematiche della vita e alle situazioni familiari e sociali.

Nel peggiore dei casi viene preso di mira il carattere stesso del fanciullo, che quindi deve essere corretto per rispondere adeguatamente alle esigenze familiari e sociali.

In entrambi i casi è il ragazzo a essere giudicato l'unico responsabile delle proprie azioni, e che quindi è soltanto sul ragazzo che occorre intervenire per riportare la situazione alla normalità.

Il problema è che, escludendo tutte quelle problematiche connesse a problemi di natura strettamente fisiologica, una difficoltà di tipo psicologico viene sempre provocata, più o meno consapevolmente, dalla famiglia e quindi dai genitori del bambino.

La visione sistemica

Secondo un approccio sistemico, che tenga cioè conto di tutte le variabili che incidono sull'individuo, il bambino tende ad adottare un comportamento rispondente agli stimoli che gli vengono dati dall'ambiente esterno e quindi, *in primis*, dai genitori.

In particolare nella primissima e nella prima infanzia, l'intero universo del bambino coincide con i genitori, e mano a mano che cresce l'universo percepito si espanderà raggiungendo limiti sempre più vasti, andando a includere gli altri individui, le strutture e le reti sociali, le diverse filosofie e moralità, ecc. Ma per anni il bambino cresce e dipende principalmente per le sue necessità fisiche e affettive dai propri genitori.

Poiché il bambino, come ogni essere vivente, cerca di rispondere all'ambiente di riferimento con comportamenti funzionali a sopravvivere, e quindi a soddisfare i propri bisogni, la conclusione più logica è che se il bambino, per esempio, è inappetente, probabilmente la sua inappetenza serve ad aiutarlo ad adattarsi meglio all'ambiente della propria famiglia[1]!

In quest'ottica non è il bambino a essere malato, ma è la famiglia che, per come è strutturata, crea la possibilità che il bambino diventi inappetente.

Molte persone sono scettiche riguardo a questo modo di vedere il problema, portando come controprova le differenze che intercorrono fra un figlio e l'altro (uno con disturbi, l'altro no), o il fatto che molti bambini escono dalla terapia "guariti".

La differenza fra un bambino e l'altro

Ascoltando genitori che affermano che il problema deve risiedere nel bambino, (in quanto l'altro figlio non presenta problematiche simili o analoghe), l'impressione che ne traggo è che siano convinti di aver trattato entrambi i figli allo stesso modo nel corso del tempo, e questo presupporrebbe che:

- i figli siano identici, ovvero rispondano in maniera identica alle stimolazioni dei genitori;
- i genitori provino la stessa simpatia per entrambi i figli;
- i genitori non abbiano subito cambiamenti nel corso del tempo;
- la situazione familiare sia rimasta immutata nel corso del tempo;

---

[1] La presente ipotesi vale esclusivamente in caso di accertato problema di ordine psicologico. L'inappetenza potrebbe derivare infatti da un problema di carattere fisiologico o da una cattiva percezione da parte dei genitori. Ho visto personalmente genitori preoccupati che il proprio bambino, in alcuni casi anche obeso, mangiasse troppo poco.

- i genitori siano riusciti a fornire a entrambi l'identica quota e qualità di attenzioni, coccole, sanzioni, ecc.

Ma ciò è assolutamente improbabile, in quanto:

- ogni bambino, poiché unico, reagisce al medesimo contesto in maniera diversa e quindi ha bisogno di attenzioni e cure che tengano conto del suo modo di essere;
- è difficile che i genitori si prendano cura dei propri figli nello stesso modo, in quanto entrano in gioco variabili quali le simpatie e antipatie personali, l'esperienza che i genitori maturano nel corso del tempo, le tensioni che possono incidere sulla famiglia in momenti diversi, le ragioni che spingono una coppia ad avere figli, ecc.

I bambini "guariti"

Occorre far chiarezza sul concetto di guarigione, per capire se un bambino può essere valutato come guarito o meno.

Se accettiamo l'idea che è la famiglia a incidere sul comportamento e sull'equilibrio emotivo dei figli, è estremamente improbabile che un bambino possa stare bene senza un intervento rivolto anche ai genitori.

Un bambino che guarisce senza interventi sulla famiglia è spesso un bambino che riesce a convivere meglio con la propria famiglia, adottando comportamenti e atteggiamenti più adatti e accettati dalla famiglia di origine. In tal senso le dinamiche che hanno a suo tempo fatto emergere i comportamenti indesiderati continueranno a incidere negativamente sul bambino, che continuerà ad avere i propri problemi ma se li terrà per sé, irrisolti.

Tali problemi non saranno più visibili alla famiglia, diventando quindi meno controllabili e togliendo la possibilità ai genitori di monitorare il reale benessere del bambino.

Un ulteriore rischio che nasce da un approccio simile, è di concentrare le proprie attenzioni sul figlio che viene visto come "disturbato" ovvero colui che palesemente crea problemi alla famiglia, mentre quello che non crea problemi viene per questo motivo visto come "sano" e non bisognoso di aiuto. Ma in realtà il bambino "sano" potrebbe comunque avere dei problemi che tiene per sé, per non deludere i propri genitori, e che potrebbero manifestarsi nel tempo lasciando spesso sbigottiti tutti quanti.

I sintomi, scomodi ma utili per aiutare i figli

Il sintomo (vomito, comportamenti aggressivi o anomali) sono l'unico modo che il bambino trova per "comunicare" il proprio disagio ai genitori e sono da vedere come un'opportunità per tutti per trovare e favorire un processo di miglioramento per la propria famiglia. Cercare di curare il sintomo, significa negare l'aiuto al proprio figlio: riporta la pace ma non risolve il problema.

Spesso il sintomo se non curato mano a mano svanisce, in quanto il bambino si stanca o trova dannoso per sé continuare con una strategia infruttuosa, e si adatta al contesto.

Insomma, se uno vuole essere sicuro di risolvere il problema, ha l'obbligo di intervenire tenendo conto delle dinamiche dell'intera famiglia.

Il concetto di famiglia come sistema

Vedere la famiglia come un sistema significa vedere la famiglia come un organismo pluricellulare, in cui ogni componente è una cellula in stretta connessione con le altre. Se una cellula sta male (o sta bene), il suo malessere (o benessere) incide sulle altre, contagiandole rapidamente e condizionando il proprio e altrui sviluppo.

Vista in quest'ottica si potrebbe pensare che è allora il bambino con il suo malessere che influisce negativamente sul sistema, e che quindi sia corretto porre un rimedio intervenendo solamente sul bambino. Ma occorre a questo punto fare una precisazione.

I genitori hanno una loro storia, costellata di gioie e di sofferenze, di punti forti e di debolezze, e hanno un loro equilibrio che spesso è assolutamente normale ma non per questo necessariamente sano.

In questo contesto arriva un bambino che è invece perfettamente funzionante, concreto, privo di condizionamenti esterni, e quindi molto più sano dei propri genitori. Ma improvvisamente disfunziona, comincia ad avere e creare problemi: perché? Come una pianta stenta a crescere o si ammala in un terreno poco fertile, così il bambino se non trova un terreno familiare facilitante si sente impedito nella crescita e inizia a protestare, a reagire negativamente a un contesto che in fondo trova minacciante per la sua sopravvivenza.

Cosa fare?

Avere dei problemi e delle difficoltà non significa essere cattivi. Fare inconsapevolmente del male ai propri cari non significa essere malvagi ma essere umani. Molte delle persone che conosco fanno del male alle altre, specialmente a persone care, inconsapevolmente, convinte di star loro facendo del bene. E quando lentamente percepiscono la verità rimangono sempre inorridite e sconvolte.

Ognuno di noi ha alle proprie spalle una storia di gioia ma anche di dolore che ha inciso sul nostro modo di essere. Inoltre viviamo tutti in un mondo che non è certo il migliore possibile: è normale avere dei problemi ed è normale non rendersene conto, poiché per quello che so a scuola non ci insegnano a percepire e affrontare situazioni del genere.

Tenendo conto di tutto questo se nostro figlio sta male, e abbiamo appurato che è dovuto a cause psicologiche, possiamo aiutarlo a venirne fuori stando un po' meglio anche noi.

Qualche suggerimento

Di seguito riporto una lista di suggerimenti pratici, che possono aiutare a fare chiarezza:

- Se avete problemi con vostro figlio incontrate uno psicologo: fatevi una chiacchierata non una terapia. La chiacchierata serve a capire meglio un problema, a fornirvi delle basi su cui decidere cosa fare.
- Tenete presente che la chiacchierata serve a comprendere meglio il problema ma nella maggior parte dei casi non lo risolve. Risolvere il problema significa modificare il proprio atteggiamento, mentalità e modo di essere, e per far questo occorre impegnarsi e se possibile richiedere l'aiuto di un professionista per ridurre i tempi di attuazione.
- Se non sapete a chi rivolgervi telefonate all'Ordine degli Psicologi o rivolgetevi al vostro medico di famiglia che spesso ha un elenco di professionisti di fiducia.
- Tenete presente che se decidete di intraprendere una terapia, i benefici si dovrebbero sentire già dalle prime sedute. E comunque stabilite con il vostro terapeuta delle sedute di controllo, per valutare insieme l'efficacia della terapia.

Conclusioni

Ognuno di noi ha il diritto di stare bene e di essere realmente in sintonia con il proprio modo di essere. Aver cura dei nostri figli significa in *primis* aver cura di noi stessi e della nostra famiglia come un tutt'uno, in cui il benessere di uno è strettamente legato con il benessere degli altri.

Attaccamento sicuro o insicuro

Il tipo di reazione che i bambini debbano avere per essere giudicati sani, o come spesso viene impropriamente detto "normali" dai propri genitori, è spesso argomento di discussione fra genitori che portano i propri figli nel primo ambiente extrafamigliare socialmente strutturato: quello dell'asilo nido.

Ci sono bambini che piangono disperatamente e inconsolabilmente quando vengono lasciati all'asilo, altri che entrano senza nemmeno guardarsi indietro, altri che presentano alternativamente o in sequenza entrambi i comportamenti. In ognuno di questi casi molti genitori sembrano preoccupati, incerti e inconsapevoli se il comportamento del proprio figlio sia normale o evidenzi piuttosto un'anormalità, un malessere fisico piuttosto che psichico, sintomo di una problematica più grave che se non trattata potrebbe degenerare in futuro.

Spesso si tende a considerare il bambino che piange e stende disperato le proprie braccine verso il genitore come un bambino che agisce un simile comportamento perché ha paura di staccarsi dal proprio genitore in quanto ne è profondamente innamorato, mentre quello che se ne va quasi contento come disamorato e indifferente a esso. Ma non è detto che sia sempre così.

È degno di curiosità e interesse che molti genitori non vadano oltre la preoccupazione personale, ovvero non cercano un consiglio da un esperto, o se lo cercano è solo per essere rassicurati sulla "non gravità" del problema, che consente loro di viverlo con minore ansia ma senza tentare di risolverlo più di tanto.

Tornando ai figli più o meno urlanti, quale potrebbe essere definito un comportamento normale? E la normalità è assimilabile al concetto di sano? Ovvero un bambino che si comporta normalmente è anche un bambino che sta bene in salute?

Modi diversi di vivere e percepire il rapporto

È facilmente comprensibile il concetto che ogni figlio si affeziona e si lega affettivamente al genitore che ha, sia che il proprio genitore sia capace di fornire al proprio figlio tutte le cure e l'affetto di cui ha bisogno sia che non lo sia.

È meno comprensibile per molti genitori accettare l'idea che se il bambino soffre eccessivamente della mancanza dei propri genitori potrebbe presentare un attaccamento affettivo insicuro a essi, che tradotto in soldoni vuol dire che è un bambino carente di affetto.

Soffrire eccessivamente non significa che un bambino non possa piangere per il distacco con i propri genitori, ma piuttosto che sia in qualche modo "inconsolabile", che non riesca a farsene una ragione.

Più infatti il bambino è sicuro della presenza affettiva dei propri genitori, meno problemi vivrà durante l'allontanamento. Più si sente riscaldato dal loro affetto più riuscirà a sentirlo sempre dentro di sé e a usarlo per riscaldarsi quando è lontano da loro.

All'opposto il bambino che piange inconsolabilmente quando è allontanato dai genitori o che più genericamente manifesta angoscia e/o paura a distaccarsene, vuol dire il più delle volte che è sopraffatto dall'angoscia dell'abbandono, perché vive quotidianamente un sentimento di perdita in termini affettivi.

In maniera apparentemente paradossale il bambino che presenta un attaccamento sicuro sa che i propri genitori ci sono, è sicuro che non può perderli e quindi ha meno paura di distaccarsene in quanto è tranquillo in cuor suo che torneranno. Al contrario il bambino che presenta un attaccamento insicuro ha un vissuto di abbandono quotidiano da parte dei propri genitori, ha un'enorme necessità di affetto inappagata e quando li vede allontanarsi ha paura di perderli per sempre e con loro il suo enorme bisogno di sostegno affettivo.

I bambini con un attaccamento insicuro (le cui madri tendono a essere poco o per nulla sensibili ai loro segnali durante gli episodi di alimentazione, di pianto, di sostegno e di interazione faccia a faccia a casa durante i primi tre mesi di vita), possono reagire al distacco e al ricongiungimento fondamentalmente in due modi:

a) mettendo in atto comportamenti di protesta e rimprovero: rifiutano offerte di interazione consolatoria, si voltano, si allontanano, rimangono da soli con il proprio dolore (attaccamento insicuro-evitante);

b) ricercando il contatto fisico ravvicinato, accompagnati da comportamenti di rabbia e resistenza: vogliono essere presi in braccio, ma sono troppo stressati per avvicinarsi alla madre o a un'altra figura adulta (attaccamento insicuro ambivalente). Questo bambino, spesso, sperimenta nel quotidiano una situazione affettiva altalenante, riceve dei messaggi affettivi contrastanti, atteggiamenti di amore e "odio" (a volte il bambino viene accolto a volte si sente respinto e allontanato).

Ma allora il bambino sano è quello che non piange mai? "Ovviamente no".

> La propensione a esperire l'angoscia per la separazione e il dolore per la perdita sono i risultati ineluttabili di una relazione d'amore, del fatto di voler bene a qualcuno (Bowlby, 1973).

Da ciò che ho scritto nel precedente paragrafo qualcuno potrebbe dedurne che il bambino che piange non è un bambino sano, e quindi potrebbe cadere in tentazione di addestrare il proprio figlio a non piangere mai o potrebbe preoccuparsi eccessivamente se il proprio bambino piange entrando all'asilo.

In realtà le cose non sono mai così nette e assolute. Anche il bambino che ha un legame affettivamente positivo con i propri genitori piange, senza contare che occorre distinguere fra i comportamenti tenuti da bambini di un anno rispetto a quelli di quattro.

Ciò non toglie che il bambino che vive un attaccamento affettivamente sicuro apparirà più sereno, si lascerà consolare più facilmente, sarà più allegro, più felice di altri bambini che vivono un attaccamento affettivamente insicuro e che tale felicità sarà manifestata sia con i genitori sia in altre circostanze e situazioni lontano da loro.

Come dire che il bambino che vive un'affettività positiva imparerà a portarla sempre con sé, e in futuro avrà maggiori possibilità di vivere una vita indipendente e avrà una maggiore fiducia e speranza nelle proprie capacità e in ciò che gli riserva il futuro.

Conclusioni

Per la salute mentale del bambino è necessario che egli venga allevato e cresciuto in un'atmosfera calda, e sia unito alla propria madre (o alla persona che ne fa le veci) «da un legame intimo e costante, fonte per entrambi di soddisfazione e di gioia». È questo l'elemento preventivo per eccellenza, l'aspetto basilare che consente all'individuo un normale sviluppo fisico, intellettivo e di personalità.

Asili nido: il caso Pistoia

Qualche giorno fa sono stato contattato da una giornalista che mi chiedeva la mia opinione professionale sui fatti accaduti a Pistoia. Mi chiedeva quanto i genitori potrebbero soffrire di questa situazione – non solo quelli dei bambini coinvolti ma anche tutti coloro che portano quotidianamente i propri figli agli asili – e quanto fossi d'accordo con l'impiego di telecamere negli asili per consentire ai genitori un costante monitoraggio delle attività degli insegnanti.

Pur apprezzando l'interessamento per queste tematiche, ho provato subito un senso di fastidio nel sentirmi pormi queste due domande, che a pelle sentivo come riduttive e semplicistiche rispetto alla complessità del problema.

La risposta che mi sono sentito di dare alla giornalista è stata figlia di questa sensazione, e poiché non vorrei che la complessità del mio ragionamento venga perduta, ho deciso di scrivere le mie riflessioni in merito in questo articolo per condividerle con ognuno di voi.

Voglio specificare che questo articolo si riferisce in particolare all'area di Roma e provincia, di cui ho una discreta conoscenza ed esperienza grazie alle diverse amicizie nell'ambito degli asili nido, che mi hanno permesso di toccare con mano l'organizzazione, la struttura, la filosofia che muove il personale operante all'interno di queste strutture.

Per la mia professionalità, ho avuto anche la possibilità di entrare più o meno direttamente in contatto con la realtà degli asili privati – come quello di Pistoia –, visti tramite gli occhi e la sensibilità di genitori e di educatrici che hanno lavorato o che tuttora lavorano all'interno di alcune strutture.

Asilo privato vs asilo pubblico

Nella mia testa, fino a diversi anni fa, per me privato era sinonimo di eccellenza mentre pubblico era sinonimo di fatiscienza e burocrazia. Non so da dove mi venisse un simile sillogismo, forse dalle lamentele dei miei genitori che spesso si scontravano con la burocrazia statale, ma nel corso degli anni ho imparato a mitigare tale mia supponenza.

Il rischio che si corre dando per scontato – come molti fanno – che il privato sia meglio del pubblico, è quello di correre il rischio di fidarsi eccessivamente della struttura privata senza attivarsi per verificare il corretto funzionamento della stessa.

I genitori forse non sanno che tendenzialmente un asilo privato poggia tutto sulla responsabilità morale e sociale del responsabile – che in molti casi è anche il proprietario della struttura – per il suo corretto funzionamento. Ovvero, una persona è il *deus ex machina* di tutta la struttura.

Se ha una preparazione adeguata e non è oppressa dai problemi economici, cercherà di costruire un asilo funzionale alla crescita del bambino, altrimenti si correrà il rischio che tratti i bambini come una fonte di guadagno, e niente più.

Il primo non solo farà in modo di selezionare personale in possesso di un titolo di studio congruo alla mansione ma andrà anche a verificare concretamente la sua preparazione, cercherà la consulenza esterna di un professionista del settore, organizzerà corsi di formazione interni per migliorare la competenza del personale, organizzerà l'asilo in uno spazio adeguato al numero dei bambini presenti, strutturerà lo spazio di gioco secondo criteri educativi moderni, monitorerà secondo cadenze regolari l'intero processo per garantire la salute e la sicurezza di ogni bambino e bambina di cui è responsabile.

(È importante sottolineare che tutto questo è scontato per le strutture pubbliche del Comune di Roma. Forse con efficacia e valenza diversa da struttura a struttura, ma ciò non toglie che venga fatto.)

Il secondo tenderà a ridurre le spese al minimo e avrà un approccio prevalentemente economico al problema, mettendo in secondo piano la necessità di fornire un supporto educativo adeguato alla fascia di età degli ospiti. Ho visto personalmente strutture composte a volte da una singola stanza, affollate, senza uno spazio adeguato per giocare, con educatrici che avevano una preparazione sommaria in materia. Strutture che si presentavano come degli asili nido ma che in realtà erano dei *baby parking*, un posto dove il bambino non viene educato alla crescita ma intrattenuto mentre il genitore va al lavoro. Strutture spesso gestite da due sole educatrici, che non vengono controllate per la maggior parte della giornata.

In un asilo pubblico le educatrici sono da quattro a cinque per ogni sezione (in un asilo nido che ospita fino a 70 bambini ruotano 14 figure professionali educatrici, supervisionate da un coordinatore che funge da funzionario educativo), il gruppo composto da educatrici esperte con anni di esperienza sulle spalle, che si controllano a vicenda e che a loro volta sono controllate da un responsabile, dal rischio di ispezioni a sorpresa, e dalle colleghe della scuola materna se contigua all'asilo nido (con cui in alcuni casi il rapporto è "conflittuale" e quindi benefico per il controllo reciproco).

Con questo non voglio dire che gli asili pubblici siano sempre migliori di quelli privati, ma che se non si tiene conto di tutte queste variabili il rischio è di non comprendere a fondo la complessità del problema e di non affrontarlo e gestirlo adeguatamente.

Asilo nido pubblico, privato o privato che funziona come un baby parking?

La differenza fra un asilo pubblico e uno privato gestito con coscienza e professionalità è minima, e riguarda principalmente la retta mensile – che, ovviamente, è superiore per quelli privati – e l'orario di lavoro – di solito più ampio e flessibile negli asili privati. Inoltre occorre sottolineare che gli asili privati non hanno l'obbligo di sottoporre il personale da assumere a una accurata e approfondita selezione, con il rischio che alcune operatrici non abbiano una preparazione adeguata e specifica al compito che devono svolgere.

Netta è invece la separazione fra asili nido pubblici e quelli privati che funzionano come baby parking. Il primo è votato a favore della crescita dei bambini, e richiede quindi professionalità, preparazione e un approccio mentale e morale specifico: il secondo no.

All'interno di un baby parking in teoria ci posso mettere come operatrici chiunque: una studentessa universitaria che vuole guadagnare qualcosa, una mamma che vuole collaborare economicamente alle spese di casa, una diplomata che arrotonda lo stipendio da commessa… chiunque.

Gli obiettivi sono anch'essi diversi: se le EDUCATRICI di un asilo nido hanno l'obbligo di favorire la crescita emotiva ed esperienziale del bambino, le OPERATRICI del baby parking hanno l'obbligo di far passare il tempo ai bambini in maniera piacevole fino all'arrivo dei genitori. Diversi in definitiva gli obblighi morali dettati dalle due tipologie di approccio: le educatrici hanno l'obbligo morale di creare in ogni modo e con ogni strumento possibile un ambiente, un clima e una relazione qualitativamente alta per favorire lo sviluppo e il rispetto delle singole potenzialità di ogni bambino; le operatrici quello di garantire la sicurezza del bambino e la soddisfazione del cliente... ovvero dei genitori.

Quest'ultima variabile, il soddisfacimento del cliente, è prevalentemente caratteristica negli asili privati ma può essere un'arma a doppio taglio poiché, educativamente parlando, soddisfare il genitore, farlo contento, potrebbe incidere negativamente sul processo di sviluppo del bambino...

Desideri dei genitori vs sviluppo delle risorse interne del bambino

Dando per scontato che i genitori hanno il diritto innegabile di educare il bambino in sintonia con la propria morale e idee personali, per esperienza posso dire che molte volte i genitori, in totale e assoluta buona fede, limitano o rallentano lo sviluppo del proprio bambino a causa di paure e difficoltà di ordine personale.

Ho visto genitori che vorrebbero un bambino coraggioso preoccuparsi che il proprio bambino possa giocare con l'acqua all'interno dell'asilo nido, genitori lamentarsi del fatto che il bimbo ha difficoltà ad addormentarsi, e poi dimostrarsi allarmati nel sapere che i bambini piccoli vengono fatti dormire dalle 13.00 alle 15.00 (per coloro che hanno scelto la fascia pomeridiana), e l'elenco potrebbe continuare all'infinito.

Un'educatrice in questo senso ha il dovere di educare non soltanto il bambino ma anche un genitore, mettendolo a parte delle proprie conoscenze e motivando le scelte educative che vengono messe in atto coinvolgendo i parenti nel processo.

Un'operatrice di un baby parking, se non adeguatamente preparata e supportata dalla struttura di riferimento, potrebbe vedere come suo obiettivo primario quello di "fare contenti" i genitori, senza quindi tener conto delle esigenze di sviluppo del bambino.

Per le operatrici di un asilo nido il cliente principale è e sarà sempre il bambino, mentre per un baby parking il rischio che il cliente sia soprattutto il genitore, portatore di possibili incongruenze e paure che possono limitare lo sviluppo dell'infante esiste, e in determinati situazioni può essere assolutamente alto.

Proprio per questo motivo spesso le educatrici dell'asilo nido hanno un rapporto non armonico con i genitori – che dovrebbero correggere per coinvolgere con maggiore efficacia i genitori nel processo educativo –, proprio perché "tifano" per i bisogni del bambino, anche a scapito di quelli del genitore.

Telecamere: il futuro del controllo?

Istintivamente sono contrario all'uso delle telecamere, sia perché è una aperta violazione della privacy, sia perché potrebbero limitare la libertà di azione delle educatrici nello svolgere correttamente il proprio dovere professionale. Ciò non toglie che i bambini abbiano il diritto di essere tutelati e i genitori abbiano il diritto di essere rassicurati in merito.

A mio avviso occorrerebbe, ove necessario, migliorare la qualità dei controlli o almeno – e spesso non viene fatto – informare i genitori dei tipi e del numero dei controlli che vengono normalmente condotti per monitorare il corretto svolgimento di tutte le attività.

Altra iniziativa che occorrerebbe intraprendere è quello di un maggior coinvolgimento – mediante seminari, corsi, partecipazioni attive alle attività didattiche, ecc. – dei genitori nelle pratiche e nei principi che reggono le diverse attività didattiche, in maniera tale da renderli più competenti nel valutare la qualità del lavoro svolto e, di conseguenza, la qualità della struttura in cui intendono lasciare il proprio bambino.

Insomma, bisognerebbe avviare delle iniziative tese non soltanto a rassicurare i genitori ma a guadagnarne concretamente la fiducia e la stima, fornendo la possibilità a ognuno di loro di toccare e valutare in prima persona la qualità del lavoro svolto.

Ma allora: asilo pubblico o asilo privato?

La qualità di un asilo dipende dalla professionalità e dalla moralità delle persone che si impegnano a farlo andare avanti, giorno dopo giorno.

Per la mia personale esperienza, basata sulla mia conoscenza – sicuramente non esaustiva – della situazione nel comune di Roma, gli asili pubblici utilizzano un processo di selezione e formazione del personale che dà buone garanzie per la scelta e il mantenimento di un alto profilo e hanno minore possibilità – a causa di diversi e articolati sistemi di controllo – di danneggiare fisicamente o psicologicamente i minori a essi affidati.

In quelli privati la rigorosità nella selezione e formazione del personale dipende molto dalla professionalità e buona volontà del responsabile ed esistono maggiori possibilità di eludere gli attuali sistemi di controllo.

La scelta, dettata anche dal sovraffollamento, dalle lunghe liste di attesa e dagli orari rigidi degli asili pubblici, va fatta con attenzione e con coscienza, non fidandosi delle apparenze ma avendo cura di, in qualunque caso, assicurarsi che la struttura sia in grado e abbia le competenze e gli spazi necessari per prendersi cura adeguatamente del proprio bambino.

Gli adolescenti

C'è un'età che tutti i genitori temono come la peste. È quell'età in cui il figlio raggiunge i fatidici quindici anni, gli anni della pubertà, gli anni dell'adolescenza, gli anni dove tutto può succedere.

Figli che disobbediscono sfacciatamente agli ordini dei genitori, che tornano tardi la sera, che scoprono il sesso, l'alcool, e che rischiano per le loro follie di perdere anni di scuola o perdersi per sempre nelle cattive compagnie. E quello che è peggio non è possibile evitarlo, perché sono gli ormoni che si scatenano, è la fisiologia che aggredisce e non lascia scampo. Occorre rassegnarsi e combattere l'evento con tutti i mezzi possibili sperando di farcela...

La domanda è la seguente, volutamente provocatoria: ma che cosa si sono fumati quelli che hanno messo in giro questa storiella che assomiglia terribilmente a quelle leggende metropolitane che si raccontano per movimentare una serata e spaventare l'impressionabile di turno?

Cerchiamo di fare un po' di luce

Senza nulla togliere alle modificazioni di tipo fisiologico che incidono sulla vita dei ragazzi e delle ragazze di quell'età, che possono ovviamente portare a disagi di carattere psicofisico, non è certo qualche ormone in più che spinge un ragazzo o una ragazza a disobbedire, decidere di fare sesso con il primo che passa, ubriacarsi o smettere di studiare come prima.

Se ciò fosse vero, dovrei pensare che molti adulti sono ancora sotto effetto dei mutamenti fisiologici che hanno vissuto in adolescenza, e non credo proprio che sia così.

C'è la tendenza a dimenticarsi che gli adolescenti sono persone, che arrivano a un età in cui culturalmente è giustificato fare cose pazze e a quel punto le fanno, non meno di quanto alcune donne in differenti culture a volte sono costrette a diventare indemoniate per poter fare quello che vogliono in società rigidamente maschiliste. Ma se sentono la necessità di scatenarsi, di sfogarsi, forse lo fanno perché si sentono repressi, poco rispettati, non accettati, non trattati come persone ma esclusivamente come bambini.

Solo ormoni o anche famiglia?

Non c'è niente di peggio per una persona adulta di venire trattato come fosse un bambino: è dequalificante, offensivo, lesivo della ricchezza personale che ognuno di noi si porta dentro.

Ovviamente non sto parlando di essere trattato saltuariamente come un bambino, ma costantemente come tale, in un'aperta negazione della nostra personalità.

Eppure spesso i genitori trattano i propri figli come tali, si infastidiscono se le loro aspettative in tal senso non vengono appagate, si innervosiscono se i figli la pensano in maniera diversa da loro, se danno loro torto su alcuni argomenti, se chiedono pari diritti nel prendere decisioni in famiglia, ecc.

Non sto dicendo che ai propri figli bisogna dire sempre di sì, anche perché chi lo fa tratta i propri figli come bambini, in quanto dà sempre loro ragione, non si confronta con loro perché non crede che ci si possa parlare in maniera matura, e quindi in fondo si sente superiore a loro.

Trattare un persona con rispetto significa confrontarsi con essa, affermare la propria identità e accettare l'affermazione dell'altro, accogliere le differenze dell'altro (forse la cosa più difficile per molti genitori che vorrebbero vedere il proprio figlio seguire le proprie orme, sia in fatto di valori che di stili di vita) e prendere le decisioni che un genitore ha l'obbligo di prendere in quanto responsabile fino alla maggiore età del benessere del proprio figlio.

Vista in questo modo non è certo una cosa facile, considerando poi che nessuno te le insegna a scuola e che implicitamente la legge pretende che i genitori sappiano fare il loro mestiere al meglio delle proprie possibilità.

Ma quello che secondo me può fornire la speranza necessaria a migliorarsi è la convinzione del bene che sussiste nella stragrande maggioranza dei casi fra i genitori e i propri figli. È un bene che dura nel tempo, e che consente di recuperare il rapporto o almeno di migliorarlo in ogni momento della vita, sia che il proprio figlio abbia 15 anni sia che ne abbia 50.

Qualcuno potrebbe dire che non è importante recuperare o migliorare il rapporto con un figlio ormai adulto, ma se tenete conto che molti dei problemi che vengono affrontati in ambito psicoterapeutico sono legati a un cattivo rapporto con i propri genitori, beh, forse non è veramente mai troppo tardi o poco importante coltivare il rispetto nella propria famiglia.

Scuole "in fumo"

Gli inizi

Tutto iniziò quando l'allora presidente dell'Associazione Tre Giugno mi propose di presentare un progetto per indagare sul fenomeno del fumo nelle scuole presso la Regione Lazio. L'idea mi stuzzicava: nascendo professionalmente come orientato alla ricerca non vedevo l'ora di poter indagare e approfondire un fenomeno di cui nella mia idea si parlava tanto ma se ne sapeva poco, e quindi nel giro di un paio di settimane feci le mie ricerche bibliografiche e stesi il progetto da presentare all'ufficio competente.

Il progetto contemplava la costruzione di un questionario informativo partendo da dei "focus group" organizzati nelle scuole coinvolte, la somministrazione e l'analisi dei dati, la compilazione di un resoconto da distribuire nelle scuole, la presentazione dei dati emersi nelle diverse comunità scolastiche coinvolte e la promozione di un intervento formativo e di crescita sulla base dei dati emersi: un bel progetto insomma.

Con nostra grande sorpresa il progetto venne approvato e la regione stanziò i fondi per l'avvio dell'iniziativa. Pensavo a quel punto che il peggio, la parte più difficile fosse passata, in realtà la parte più difficile fu quella di trovare le scuole che volessero fornire la loro collaborazione al progetto...

Le scuole

Credevo che le scuole ci avrebbero steso tappeti rossi per svolgere una ricerca sul fumo completamente finanziata dalla regione: mi sbagliavo. Molte delle scuole che contattai mi negarono l'autorizzazione per diversi motivi: perché già coinvolte in troppe attività parascolastiche, perché non avevano tempo da perdere in una ricerca o, "incredibile dictu", volevano guadagnarci sopra, ovvero volevano parte dei finanziamenti della Regione per le loro casse interne – come dire: «Ti faccio fare la ricerca ma mi devi pagare» –.

L'idea che mi feci fu quella che molti direttori scolastici che incontrai sembravano lavorare con la convinzione che il ruolo di una istituzione scolastica fosse soltanto quello di passare la conoscenza di alcune materie ai ragazzi, e non di costruire e sviluppare una comunità di apprendimento dove diversi attori – genitori, insegnanti, figli – cercavano di crescere e di migliorare la vita di tutti.

Molto più grave a mio avviso l'atteggiamento di quelli che chiedevano quasi una "tangente" per farci entrare. Avranno forse anche avuto dei buoni motivi – poche le risorse economiche scolastiche a detta loro – ma che razza di insegnamento stavano dando indirettamente al corpo insegnante e ai ragazzi: particiapiamo a un progetto non se lo riteniamo valido e utile per la nostra comunità ma solo se ci pagano?

Comunque alla fine riuscimmo a trovare scuole che fortunatamente, anche con tutti i problemi che dovevano affrontare nel corso dell'anno scolastico, furono contente di ospitarci e fornirci tutta la collaborazione possibile per concretizzare la nostra iniziativa.

La costruzione del questionario

Per costruire il questionario chiedemmo e ottenemmo la collaborazione di coloro che poi avrebbero dovuto compilarlo: alunni, genitori e insegnanti. L'idea era duplice: far sentire queste persone come partecipanti attivi di un'iniziativa sociale e non soggetti passivi di un esperimento da "laboratorio" e, in secondo luogo, costruire uno strumento che si basasse sulla realtà e non soltanto sulle opinioni degli esperti riguardo la situazione da analizzare.

Formammo quindi dei gruppi separati, composti da studenti, insegnanti e genitori, con cui ci confrontavamo sull'argomento fumo. Le risposte, le considerazioni e anche le richieste furono tenute conto nella costruzione dei tre questionari utilizzati per cogliere le diverse prospettive di tutti i partecipanti sull'argomento trattato.

Somministrazione e raccolta dei dati

Quello che mi colpì in questa fase fu la bassissima partecipazione da parte dei genitori. Pochissimi risposero ai questionari, la maggior parte ce li riconsegnò compilati in pochissime voci – troppo poche per avere dei dati significativi per l'elaborazione – e soltanto 30 di loro ce li restituirono debitamente compilati. Un numero incredibilmente esiguo, a testimoniare una difficoltà preoccupante nel sentirsi partecipi e attivi nel promuovere il benessere dei propri figli.

Purtroppo non riuscii ad approfondire il problema, magari contattando qualche genitore per comprendere meglio il significato di questo rifiuto a partecipare, ma il mio pensiero andò immediatamente ai figli: quale esempio stavano ricevendo e come avrebbero percepito questo apparente disinteresse da parte dei genitori?

I risultati della ricerca

Il questionario produsse una montagna di dati, alcuni tuttora non esplorati completamente. La – assolutamente non esaustiva – relazione di 98 pagine, commentava solo 112 dei 151 grafici elaborati, e presentava un quadro a tratti affascinante, preoccupante e controintuitivo della situazione: ovvero la ricerca sembrava dirci cose che non ci aspettavamo, una fra tutte che i ragazzi e le ragazze che fumavano non lo facevano per far parte di un gruppo o per essere dei "fichi" ma per lenire, soporizzare un dolore, un'ansia che accompagnava le loro vite.

Fra le tante ipotesi e interpretazioni esposte nella relazione di fine lavori, vorrei qui accennare brevemente ad alcune di esse che mi hanno particolarmente colpito come professionista e come essere umano:

1) La percezione di un disagio presente fra i giovani, che dalle medie alle superiori viene "risolto" con l'abitudine al fumo;
2) La tendenza a vedere compatibili e sullo stesso piano il fumo di sigaretta e quello di droghe leggere;
3) La carenza di controllo e verifiche da parte di genitori e insegnanti.

Il fumo: strumento socialmente accettabile di un disagio interno

La ricerca toccava due scuole: una media e una media superiore. Nelle scuole medie il problema fumo era praticamente inesistente, ma era presente un disagio e un dolore che toccava moltissimi studenti.

Ricordo ancora il giorno in cui molti studenti passarono dalle risate al pianto nel giro di qualche secondo, quando vennero sollecitati a confrontarsi con la possibilità dell'esistenza della sofferenza anche nelle loro giovani vite. Il cambiamento fu così repentino e totale (coinvolse come un essere unicellulare tutta la classe) che lasciò completamente sbalordita la professoressa, che solo in quel momento riuscì a intravedere una dolorosa realtà mascherata alla bell'e meglio da un atteggiamento eccessivamente allegro e vitale.

A quel punto i bambini presenti iniziarono a parlare e non avevano voglia di smettere, confessando tra le altre cose la rabbia che spesso sentivano dentro di sé, e che sfogavano spesso in atteggiamenti autolesionistici (cazzotti sul muro, comportamenti a rischio, ecc.).

Questi comportamenti tendevano a ridursi notevolmente fra gli studenti delle scuole medie superiori, dove si potevano notare altri tipi di comportamenti tra i quali quelli legati al fumo.

L'idea che mi sono fatto è che il fumo possa essere usato come strategia maggiormente funzionale per ridurre o mitigare un dolore che un bambino porta con sé già nella scuola media. La maggior parte degli intervistati dichiaravano infatti che fumare li tranquillizzava, li faceva stare meglio. Come dire: il fumo è la mia medicina, molto meglio d'altronde che dare cazzotti al muro o passare intere giornate a piangere di nascosto nel mio letto per non farmi sentire da mamma e papà. Se ci pensate non è così sbagliato: il punto è piuttosto che di fatto non si risolve il problema ma lo si "seda", ci si contenta di anestetizzarsi a esso.

In questo senso molti fumatori dichiaravano di non volere smettere di fumare proprio per questo motivo: interrompere il fumo faceva ricontattare loro un dolore e un disagio insopportabile, che al tempo stesso li spaventava.

In quest'ottica per convincere un bambino a smettere di fumare (per l'Organizzazione Mondiale della Salute tutti i minorenni sono definiti con il termine "child", bambini) e forse anche a smettere di utilizzare strategie alternative e lesive per lenire il dolore e la sofferenza (pensate per esempio all'impennata nei rapporti sessuali abituali nell'adolescenza), occorrerebbe aiutarlo a risolvere il proprio dolore. Ovvero, la frase che dovrebbe guidare ogni intervento mirato a ridurre dei comportamenti a rischio non dovrebbe essere "il bambino fuma perché vuole essere uguale agli altri, non vuole sfigurare con i propri compagni di scuola", ma piuttosto "forse il bambino fuma perché soffre, ha delle difficoltà, che tenta di risolvere come può, copiando le strategie utilizzate dai suoi compagni di scuola".

Cambiare prospettiva, senza dimenticare che forse gli studenti, possono essere influenzati, anche negativamente, dai comportamenti e dall'esempio trasmesso dai propri genitori e insegnanti.

Fumo di sigaretta e droghe leggere? Uguali

Il secondo dato che mi colpì, fu quello di scoprire che molti fumatori trattavano alla stessa stregua il fumo di sigaretta e quello di droghe leggere (cannabis e non solo).

Il rischio è evidente: senza nulla togliere al danno che a medio/lungo termine può creare il normale fumo di sigaretta a un fumatore non occasionale, rimane il fatto che l'uso di droghe può mettere maggiormente a rischio la salute di una persona.

Non riuscire a cogliere questa sostanziale differenza, importante per acquisire consapevolezza e adeguata strategia di tutela personale riguardo anche a droghe maggiormente invasive, può portare alla lunga a rischi di "esporsi" a situazioni potenzialmente lesive per la salute personale.

Ma da dove nasce questa confusione, questa visione imprecisa del dato di realtà?

Pensate al mio stupore quando rilevo dall'analisi dei dati la situazione seguente: mentre la maggior parte degli studenti intervistati dichiara che l'informazione erogata sul fumo appare imprecisa e contraddittoria, i loro genitori e insegnanti, all'opposto, la valutano perfettamente chiara e coerente!

Come dire: gli adulti sono convinti di fornire informazioni efficaci ma che non vengono minimamente percepite come tali dagli studenti. Perché? Da quello che ho visto il perché principale deriva dalle contraddizioni quotidiane che i giovani vivono a scuola e a casa quando affrontano l'argomento fumo.

L'incongruenza degli adulti

Gli insegnanti si confessano e dicono di non poter far smettere i loro colleghi che fumano all'interno della scuola, mentre i genitori ammettono fra le altre cose (e vengono confermate le loro risposte da quelle dei figli intervistati) che non verificano se le regole antifumo vengono applicate: questa una fotografia in breve di come vengano affrontati i problemi legati al fumo dagli adulti.

Un atteggiamento a dir poco contraddittorio, che testimonia una difficoltà anche da parte degli adulti di confrontarsi con decisione con l'argomento, con il rischio di passare le proprie incertezze e difficoltà ai minori. In generale tale comportamento può portare a confusione, a una mancanza di chiarezza e convinzione nel tutelare la salute dei propri figli, in quanto senza volerlo può trasmettere un messaggio che può essere così sintetizzato: non bisogna fumare, è vietato fumare a scuola, ma di fatto se qualcuno lo fa (anche mettendo a rischio la salute degli studenti) non mi interessa più di tanto.

Di fronte a un simile atteggiamento, perché dei bambini, minorenni, dovrebbero fare diversamente? Perché chiedere a loro – e soltanto a loro – rigore, cura e obbedienza alla legge?

Conclusioni

Ciò che ho riportato qui sopra è soltanto un breve sunto di una riflessione che richiederebbe un contenitore diverso (seminari, corsi, un libro) per essere esposta in tutta la sua ricchezza e profondità.

Rimane il fatto che forse si sta dando troppo valore al fumo e poco alle persone che scelgono di fumare. Forse se riuscissimo a vedere un bambino che fuma come un bambino sofferente, riusciremmo ad affrontare il problema con maggiore sensibilità, efficacia e concretezza. Per far questo occorre però che gli adulti trovino il coraggio, la pazienza e la determinazione di confrontarsi con le difficoltà che questo argomento evoca in loro, e farsi maggiormente carico delle loro responsabilità nel tutelare e promuovere la salute di tutti i giovani e le giovani vite con cui entrano in contatto.

Terapia e dintorni

Felicità e psicoterapia

Alla ricerca della felicità perduta: con la psicoterapia è possibile?

Molti credono che andare dallo psicoterapeuta significa essere malati, forse anche un po' tocchi, e che di conseguenza la psicoterapia è indicata a coloro che soffrono di disturbi mentali e di personalità.

In questo senso tutti coloro che hanno violente e innaturali paure (fobici), coloro che sono depressi o magari estremamente nervosi (disturbi dell'umore), o in ultima analisi coloro che sperimentano nel loro vissuto allucinazioni o sdoppiamenti di personalità (psicotici) hanno ragione ad andare dallo psicologo, gli altri possono evitarlo o comunque contattarlo per necessità passeggere.

Secondo me invece la psicoterapia può essere utile a tutti coloro che ricercano la felicità: non quella effimera, breve ma intensa, che può donare una rilassante seduta in sauna, un'allegra cena con gli amici, un sigaro accompagnato da un cognac ricercato o una bella abbuffata di cioccolata con magari accanto un delizioso vin santo, ma quella quotidiana, quella che può accompagnare ogni secondo vissuto nella nostra vita.

Non sto dicendo che la psicoterapia sia la panacea di tutti i mali, o che sia l'unico mezzo per raggiungere la felicità. Sto solo dicendo che la psicoterapia ha come obiettivo quello di rendere le persone felici, non per un momento ma in ogni momento della propria vita.

Il concetto di felicità

Per felicità intendo tante cose, cose che ho imparato sui libri, vissuti personali che ho sperimentato nel corso della mia esistenza o quelli che mi hanno trasmesso nel corso degli anni le persone che ho conosciuto. Spesso comunque il concetto di felicità è strettamente legato a quello dell'"essere", ovvero del poter esprimere liberamente se stesso in ogni momento e di essere capace di individuare e assecondare le proprie necessità.

Esprimere i propri sentimenti

La felicità in questo senso non significa passare la vita sempre con il sorriso sulle labbra, come fossimo dei personaggi delle pubblicità, ma significa vivere ogni nostro sentimento nel momento stesso in cui sentiamo che emerge dal nostro interno: ridere quando ne sentiamo la necessità, piangere quando ne abbiamo bisogno; arrabbiarci il momento prima e sorridere un momento dopo, perché la ragione della nostra ira è stata superata e vogliamo goderci pienamente il momento successivo. La libertà quindi di esprimere pienamente noi stessi, e quindi di affermarci, di esistere, in quanto le nostre emozioni ci caratterizzano: le emozioni siamo noi e noi siamo le nostre emozioni.

Non riuscire a percepire e a esprimere le nostre emozioni o, come a volte capita, essere spaventati da alcune di esse, taglia via un pezzo di noi, e con esso un pezzo della nostra felicità. Uno dei possibili obiettivi della psicoterapia e quello di consentire alla persona di dare dignità alle proprie emozioni e quindi a se stessa, aiutandola a ricontattarle e a viverle con intensità e semplicità nel corso delle sedute psicoterapeutiche, contribuendo quindi a renderla più felice.

Individuare e assecondare le proprie necessità

Mangiare quando si ha fame, bere quando si ha sete, ridere quando si è felici, piangere quando si soffre, alzarsi dal letto quando si è svegli, riposarsi quando si è stanchi, ecc.

Potremmo andare avanti all'infinito, parlando di innumerevoli necessità diverse, dove la domanda sottesa è la seguente: sai di che cosa hai veramente bisogno e sai come e quando soddisfare i tuoi desideri? E li soddisfi? Per esperienza le persone o rispondono di sì oppure rispondono che non è possibile soddisfare tutti i propri desideri, e quindi danno come risposta un bel no.

Ma allora potrei fare la seconda domanda che è la seguente: siete felici? Vi sentite sereni? Non una volta ogni tanto ma la maggior parte del tempo di ogni giorno che vivete? Non vi sto chiedendo se non avete dei problemi, o se tutto va bene, o se potete fare tutto quello che volete, ma se riuscite a vivere anche i problemi con serenità, se i problemi non incidono più di tanto sulla vostra serenità. Se dentro di voi sapete o intuite che non siete felici, allora vuol dire che non conoscete a fondo e non riuscite a soddisfare a sufficienza i vostri desideri, le vostre necessità.

Un altro dei possibili obiettivi della psicoterapia è quello di aiutare le persone a conoscersi a fondo, di comprendere e di contattare i propri bisogni reali e distinguerli da quelli indotti dalla propria cultura di appartenenza.

Capire in sostanza chi si è veramente, quali obiettivi voglio raggiungere nella mia vita, distinguere ciò che per me è realmente importante da ciò che non lo è, in una parola dare valore alla propria unicità e a se stessi. In due parole: amarsi e rispettarsi.

Essere felici vuol dire allora essere egoisti?

A mio avviso questa domanda, che ho sentito fare spesso con apprensione da persone che iniziavano a contattare i propri sentimenti e i propri bisogni, nasconde una convinzione implicita: fra i miei bisogni non esiste quello di rispettare e amare gli altri; ergo per essere altruista non posso pensare a me stesso, le due cose non possono coesistere.

Nella mia esperienza non esiste nulla di più lontano dalla realtà.

L'essere umano ha bisogno non soltanto di amare se stesso ma di amare e di essere amato, di donare e di ricevere, a se stesso e ad altri. Assecondare i propri bisogni significa darci la possibilità di aprirci ancora di più agli altri, siano essi i nostri cari più stretti o delle persone che incontriamo per caso durante i nostri viaggi o le nostre giornate di vita quotidiana.

In conclusione

La psicoterapia in questo senso è indicata a tutti coloro che sentono il desiderio di incontrare se stessi ed è uno strumento per aiutare ognuno di noi a tendere verso una felicità continua e non sporadica, fatta di un benessere di fondo e non soltanto di momenti intensi e passeggeri.

Ricordi, meditazione e terapia

È sufficiente scoprire l'origine di un proprio dolore o di un proprio personale disagio per poterne guarire?

Quest'articolo nasce dall'esigenza di rispondere e di chiarificare la mia opinione a domande, più o meno esplicite, che ricevo sull'argomento della guarigione e da una chiaccherata avuta con una persona qualche tempo fa sul potere curativo della meditazione. Ma andiamo per ordine.

Vedo molte persone interessate a comprendere il perché, l'origine di alcuni problemi che li condizionano nel loro vivere quotidiano, come se fossero convinte che solo attraverso tale conoscenza possano guarire, liberandosi per sempre dal loro affanno, modificando e trasformando il proprio comportamento o la propria mentalità.

Altre sono convinte che la psicoterapia si basi su quest'unico processo, e spesso affrontano tale esperienza certe che lo psicoterapeuta li bombarderà con domande sulla propria infanzia per consentire loro di ricordare cosa è accaduto e liberarli dal loro malessere.

Infine, ho notato che a volte anche chi non si accosta alla psicoterapia ma ad altre branche del sapere, come la meditazione, può essere portato a credere che è il ricordo di un evento traumatico che può portare alla guarigione, in quanto in alcuni casi la guarigione coincide con esso.

Io la vedo in maniera diversa, ovvero io vedo la guarigione come risultato di un processo complesso e articolato, in cui il ricordo del trauma può essere come non può essere un elemento presente all'interno del processo, che porta l'individuo a esperire e quindi affrontare in maniera diversa e spesso più funzionale, la realtà immutata di tutti i giorni.

Per dirla in parole povere, il ricordo può aiutare ma è solo una parte del complesso processo che porta la persona alla guarigione.

Andiamo ora ad analizzare la questione in dettaglio, partendo proprio dalla meditazione, che è un argomento che mi affascina e mi stuzzica non poco.

È la meditazione a guarire o il ricordo che ne può scaturire?

Io vedo la meditazione come uno strumento utilizzato dall'essere umano per entrare maggiormente in contatto con se stesso e con il mondo che lo circonda. Spesso nella meditazione si ricerca una visione profetica – gli indiani d'America meditano nella capanna sudatoria –, un'illuminazione – come quella che ebbe Budda –, o un maggiore grado di conoscenza e di contatto con il proprio Dio – penso in questo caso alle diverse forme di preghiera –.

Per quello che la mia esperienza mi insegna, non ho conosciuto né letto di nessuno che alla sua prima meditazione abbia raggiunto l'illuminazione o un profondo contatto con se stesso o l'Onnipotente.

Di solito meditare è un qualcosa di estremamente difficile: spesso si viene distratti dai propri pensieri erratici, dai rumori esterni, dalla difficoltà di trovare la pace interna necessaria per raggiungere un livello di meditazione profonda. Non è un caso che molti ricerchino la solitudine fino ad arrivare a isolarsi, anche per brevi periodi di tempo, dal mondo esterno. Ed è soltanto dopo tante fatiche e disciplina che il meditante comincia a raccogliere qualche frutto.

In alcuni casi il frutto è il ricordo: fatti di vita dimenticati, che possono far comprendere e contattare l'origine di alcuni comportamenti problematici o disagi, e ottenere una sorta di "illuminazione", ovvero una guarigione dal problema. Il piacere e la pace che possono scaturire da una simile esperienza, può far percepire come secondarie le ore spese a imparare a meditare, a raggiungere uno stato di pace e rilassamento interiore, a imparare a uscire in molti casi dalla proprio senso di impotenza e frustrazione: insomma ci si dimentica di tutto il cambiamento emotivo che faticosamente una persona ha processato nel suo percorso meditativo e che avuto in alcuni casi come culmine il ricordo.

Ma quanti cambiamenti sono stati vissuti, nel lungo periodo di esperienze meditative, nel proprio modo di percepire e vivere il mondo esterno, che ha portato la persona a compiere cambiamenti apparentemente impercettibili ma che, giorno dopo giorno, rendendo più forte la persona, le hanno permesso di affrontare situazioni di vita e problemi sempre più difficili, fino a portarla a confrontarsi con un ricordo scatenante?

Quanto della sua guarigione non dipende esclusivamente dal ricordare un evento traumatico ma dalla sua costante volontà, espressa e disciplinata in decine e decine di ore passate a meditare, nel cercare un equilibrio emotivo e mentale maggiormente in sintonia con il proprio modo di essere?

Quanto di quell'equilibrio faticosamente ricercato gli ha dato la possibilità di affrontare la realtà, giorno dopo giorno, in maniera leggermente diversa dalle precedenti, e in maniera più appagante, da consentirgli di acquisire maggiore fiducia nelle proprie possibilità tanto da spronarlo a continuare a cambiare e a cambiare il mondo intorno a sé?

Personalmente credo che dare un valore assoluto al ricordo come strumento di guarigione sia ingiusto e poco funzionale, in quanto toglierebbe valore a tutto il processo faticoso e quasi invisibile che ha portato la persona a raggiungere il suo così agognato obiettivo.

Anche perché, nella mia esperienza, può accadere che la persona ricordi un evento traumatico, ma ciò non la fa cambiare: perché?

Ricordo e consapevolezza

L'illuminazione non vuol dire semplicemente comprendere il problema, ma raggiungere un diverso grado di consapevolezza interna. Un diverso modo non tanto di vedere ma di vivere la propria realtà. Un modo nuovo di percepire sé e il mondo esterno che porta a "cambiare il proprio modo di vivere".

Spesso raggiungere questo grado di consapevolezza può non essere piacevole: molti parlano di totale perdita dei punti di riferimento che tradizionalmente hanno usato per condurre la propria vita, altri provano un senso di rinascita, altri ancora un senso di liberazione e di leggerezza, molti provano una combinazione di queste diverse sensazioni unite magari a diverse altre.

Viene vissuto comunque come un passaggio epocale con delle note di trascendenza e spesso la persona non sa come diavolo ci è arrivata: sa al tempo stesso di essere completamente diversa ma molto più autentica di prima, vivendo di fatto quello che spesso viene visto come uno "strano paradosso".

Spesso la persona soltanto in quel momento comprende pienamente un ricordo di un evento traumatico perché riesce a viverlo e a percepirlo con questa nuova "identità", un ricordo che già possedeva ma che prima di quel momento non riusciva a utilizzare "correttamente", per liberarsi e per risolvere una parte del proprio problema.

È quindi il raggiungimento di una consapevolezza interna che rende in grado la persona di affrontare e vivere la propria vita, i propri ricordi, le proprie scoperte in maniera "innovativa" e maggiormente funzionale per la propria salute e benessere interiore.

Raggiungere la consapevolezza nella psicoterapia

Tale percorso può essere perseguito in diversi modi, fra cui la psicoterapia, strumento utilizzato in molte società (ma non in tutte) per poter affrontare e superare problemi che riguardano il vissuto personale ed emozionale di una persona.

La psicoterapia è uno dei tanti strumenti per aiutare la persona a modificare alcune parti di sé (atteggiamenti, mentalità, comportamenti, ecc.) per consentirle di vivere in sintonia con le proprie reali e più intime esigenze e tendere a una piena realizzazione individuale.

Il raggiungimento della consapevolezza è una delle tante e possibili tappe da perseguire, in un percorso costellato di tante conquiste in cui il ricordo, e soprattutto lo sviluppo di un rapporto emozionalmente nuovo e quindi correttivo del ricordo, è un elemento fra tanti della crescita e della conquista della propria autonomia e benessere da parte della persona.

Conclusione

Senza nulla togliere al ricordo, e quindi alla riappropriazione da parte di una persona di un elemento fondamentale della propria esistenza, dal mio punto di vista è mediante una crescente consapevolezza, intesa come capacità di vivere e di percepire la propria realtà e i propri vissuti con una mentalità e una emozionalità diversa, la chiave per una "liberazione" individuale dagli affanni e dai problemi che ci affliggono.

Tale chiave non è un qualcosa che si vince giocando alla lotteria ma attraverso lunghe e faticose sessioni in cui la persona impegna se stessa in un percorso di miglioramento che richiede grandi fatiche ma che dona tante soddisfazioni e affrancamento dalle proprie "sofferenze inutili".

Non credo che sia giusto non tener conto di questo aspetto, dell'importanza di questo percorso, in quanto si rischia di non valorizzare il grande lavoro svolto da chiunque si sia impegnato e si impegni tuttora nel ricercare la propria felicità in terra.

L'interpretazione dei sogni

Il sogno: chimera o simbolica realtà?

Questo articolo non vuole indagare sul perché sogniamo, argomento piuttosto spinoso e a cui sarebbe difficile dare una risposta, ma piuttosto se il sogno può aiutarci a vivere meglio, se il sogno può essere utilizzato per migliorare la comprensione di sé e della propria vita personale.

In pratica andrò a trattare dell'interpretazione dei sogni o più precisamente di un modello usato per interpretare i sogni che trovo estremamente utile e funzionale. I principi differiscono in parte dal modello classico freudiano e, in molti casi, totalmente dalle convinzioni della "gente comune", ovvero di tutte quelle persone non addette ai lavori che spesso hanno dei sogni e della loro interpretazione un'idea estremamente creativa ma poco legata al loro possibile significato reale. Inizio la chiacchierata ponendo una domanda: quanti significati ha un sogno?

Le tre chiavi di lettura di un sogno

Quando interpreto un sogno cerco sempre di tener presente il fatto che un sogno può avere tre chiavi di lettura, che vanno dal significato superficiale a quello profondo, e che possono essere così definiti:

- Significato manifesto: il livello superficiale, dove il significato del sogno corrisponde ai fatti vissuti o percepiti all'interno di esso;
- Significato simbolico estrinseco: il livello intermedio, dove ogni parte del sogno sta a simbolizzare un "qualcosa" che appartiene al mondo esterno alla persona;
- Significato simbolico intrinseco: il livello profondo, dove ogni parte del sogno sta a simbolizzare un "qualcosa" che appartiene al mondo interno alla persona.

Per spiegare i tre livelli trarrò spunto da un sogno ipotetico, totalmente inventato, per identificare e chiarire i tre strati di analisi che possono comporre un'interpretazione.

Immaginiamo il seguente sogno: *il sognante immagina di accarezzare una persona verso cui prova attrazione al di fuori del proprio rapporto di coppia.* Che potrebbe voler dire (per comodità sto escludendo dal sogno tutte quelle componenti ambientali, sonore, ecc. che sono altrettanto importanti nell'analisi)?

Il significato manifesto

Il significato manifesto del sogno corrisponde al sognato, ovvero il sognante desidererebbe accarezzare la persona dei propri desideri. Il sogno diventa un terreno dove poterlo fare nella massima tranquillità (si fa per dire, molti sognatori potrebbero interrompere il sogno svegliandosi di soprassalto in preda ai sensi di colpa), e senza subire conseguenze negative.

A una prima lettura il sogno sembrerebbe alquanto banale, un desiderio insoddisfatto. Di fatto potrebbe anche far comprendere a una persona quanto ne desidera un'altra (tanto da sognare di avere un contatto fisico con quella) un'informazione utile per decidere una strategia in merito.

Ma visto in quest'ottica il sogno potrebbe essere banalizzato, e il suo significato ridotto notevolmente in quanto mancano ancora dei pezzi per finire di comporre il puzzle.

Significato simbolico estrinseco

La domanda a cui occorre rispondere in questa fase è la seguente: che cosa simboleggia per il sognante la persona che accarezza?

Qui le risposte possono essere infinite, diverse da sognante a sognante, diverse da contesto a contesto. Per questo motivo non è possibile dare un significato univoco ai sogni (un'idea che spesso molte persone si fanno, e che risponde alla domanda: che significa se uno sogna...?), e anzi è fondamentale coinvolgere il sognante nell'analisi.

Solo lui sa esattamente che cosa può significare la persona per lui, e il terapeuta lo aiuterà nel far chiarezza utilizzando la propria esperienza e sensibilità.

Ma tornando al sogno, ecco alcune delle possibili risposte:

- La persona simboleggia mia madre, con cui vorrei avere un contatto più profondo;
- La persona simboleggia mio padre, che vedo come estremamente fragile, e a cui vorrei essere vicino in questo momento difficile;
- La persona simboleggia il progetto a cui vorrei tanto lavorare, ma a cui non mi riesco ad accostare a causa di...;
- ecc.

Come si vede la persona può simboleggiare tante cose, animate (altre persone) o inanimate (il lavoro, un progetto) e il significato può discostarsi notevolmente da quello manifesto.

In alcuni casi il significato simbolico estrinseco "spazza via" per la persona che lo sperimenta, qualsiasi significato manifesto. Come a dire che spesso la persona riconosce in questo il vero significato del sogno... almeno fino a quando non passa a quello simbolico intrinseco.

Significato simbolico intrinseco

La domanda a cui occorre rispondere in questa fase è la seguente: i personaggi presenti nel sogno (la persona accarezzata e la persona che accarezza), quali parti interne del sognante simboleggiano?

La domanda è complessa, e spesso le persone che si confrontano con essa appaiono confuse e in grossa difficoltà. Questo perché la maggior parte delle volte le persone sono convinte che il sogno rappresenti qualcosa esterno a sé, non delle parti di sé che forse stanno comunicando in forma rappresentativa mediante il sogno. Questo è il significato profondo, che spesso può portare la persona a fare dei balzi introspettivi anche notevoli.

Per renderlo più esplicito proviamo a dare alcune possibili interpretazioni:

- La persona accarezzata rappresenta il mio mondo emotivo, che io sto cercando di contattare. Tale mondo l'ho sempre visto come qualcosa di negativo, e il contattarlo probabilmente mi fa sentire colpevole, forse di tradire un'altra parte di me...;
- La persona accarezzata rappresenta la mia parte più nascosta, una parte che ho messo via da tanto tempo, che i miei genitori mi han-

no fatto vergognare di possedere...;
* La persona accarezzata rappresenta la mia femminilità, la mia fragilità interna. Sono sempre stata una persona forte, e contattare la mia parte fragile non è così facile come sembra...;
* ecc.

È quello che si dice un salto di paradigma, ovvero un repentino cambiamento di prospettiva, del modo di percepire il sogno e se stessi. Da evento per interpretare la realtà esterna a rappresentazione di processi che stanno avvenendo all'interno di noi: che salto!

Questa è anche l'interpretazione più difficile da affrontare, anche perché l'unica protagonista è la persona stessa, che riesce infine a contattare esplicitamente una parte di sé che, di fatto, riusciva a vedere solo mediante una rappresentazione simbolica.

A quel punto la persona scopre che il sogno può diventare uno strumento per essere maggiormente in contatto con se stessa e con i propri processi interni: la consapevolezza ne esce fuori maggiormente consolidata con la possibilità di veder sviluppata la propria autoefficacia personale.

Ma allora che cosa sono gli incubi? Ed è proprio necessario farsi aiutare da un terapeuta per comprendere i propri sogni?

Gli incubi: opportunità di sogni perduti...

Gli incubi: per molti racconti dell'orrore notturni, sogni assolutamente da evitare, strane e inutili bizzarrie della mente. Per me un modo per capire cosa nella nostra vita reale ci spaventa a tal punto da impedirci di affrontarlo nemmeno in sogno.

L'incubo è infatti la rappresentazione di un qualcosa che ci terrorizza, ma che forse una parte di noi aspira a raggiungere. Proviamo a fare un esempio concreto partendo da un incubo "classico": *sogniamo di cadere dalla finestra e – fortunatamente – ci svegliamo prima di schiantarci al suolo, madidi di sudore.*

Interpretare l'incubo, il significato simbolico estrinseco

Sorvolando il significato manifesto dell'incubo – la comprensibile paura di cadere nel vuoto – quale potrebbe essere il significato simbolico estrinseco, ovvero che cosa simboleggia per il sognante il cadere dalla finestra e, soprattutto, lo schiantarsi? Che cosa rappresenta per lui lo schianto, e ancora, dove simbolicamente andrebbe a finire se si schiantasse? Proviamo a dare alcune possibili risposte:

- Saltare nel vuoto simboleggia andare a vivere da solo, dove lo schianto sta a indicare il duro impatto con la realtà a fare una scelta simile: è di questo che ho paura, di non farcela;
- Saltare nel vuoto simboleggia andare avanti senza guardarmi indietro, accettando tutti gli errori che ho commesso nel passato. Lo schianto... in realtà ripensando al sogno non mi schianterei se avessi il coraggio di volare, di fare scelte diverse, di prendere in mano la mia vita una volta per tutte...;
- Vorrei andarmene da tutto questo, ma ho paura di perdere tutto, ho paura che la mia vita così come l'ho vissuta fino ad adesso possa estinguersi, morire...

Come si vede il significato si arricchisce, e lo schianto da morte certa può essere visto come un'opportunità e anche un desiderio di crescita. È importante sottolineare che questi sono soltanto alcuni dei tanti possibili significati di un sogno come questo. L'interpretazione è sempre soggettiva (varia quindi da persona a persona) e, potenzialmente, da momento a momento. Ovvero il significato di uno stesso incubo può variare da un anno a un altro, al variare della storia e dell'esperienza del sognante.

Resta ancora però da analizzare il significato più profondo, quello simbolico intrinseco.

Interpretare l'incubo, il significato simbolico intrinseco

Eccoci al momento più difficile dell'interpretazione di un sogno, quello in cui il sognante si confronta con le paure che può avere verso alcune parti di sé. Questo tipo di interpretazione è già difficile quando si parla dei sogni, con gli incubi può diventare per alcuni assolutamente impossibile. Ciò è assolutamente comprensibile: l'incubo in questo senso può rappresentare il rifiuto che il sognante mostra per alcuni aspetti del suo modo di essere, e quindi la persona tenderà a proteggersi negando o rifiutando qualsiasi suggerimento atto a sollecitare una sua presa di coscienza in tal senso. L'interpretazione degli incubi è quindi di fatto un terreno "minato" in cui occorre grande sensibilità e rispetto per l'altro, per evitare al sognante dolore e sofferenze gratuite.

Ma proviamo a dare un'interpretazione intrinseca al sogno (mi limito a una sola interpretazione per poterla commentare meglio): «Pensandoci bene sono saltato, non sono caduto. Il vento che mi sferzava il volto mentre cadevo rappresenta la mia parte appassionata, volitiva che ho sempre represso e che mi fa paura. Il suolo che si avvicina è costellato di rovine, e stanno a simboleggiare una parte di me a pezzi, di cui non mi prendo cura da tanto tempo, che ho paura di contattare».

L'incubo è "esploso", si è arricchito di parti nascoste e di significati perduti. La persona non è caduta ma è saltata. Già questo da solo può provocare un grande sommovimento interno: arrivare a capire che è presente il desiderio di saltare nel vuoto può facilitare enormemente la persona a entrare in contatto con il suo desiderio di cambiare. Il vento è qualcosa di positivo e la "caduta" lo porta in una parte nascosta di sé, di cui non si prende cura da tanto tempo. Il nostro ipotetico sognante scopre in quel momento che non si è svegliato per paura di uccidersi ma forse per paura di vivere, di far rivivere una parte di sé dimenticata.

Ecco quindi che l'incubo mostra il suo vero volto, il desiderio – inespresso, nascosto, tabù – della persona di ritrovarsi e la paura che contamina tutto questo processo.

Incredibilmente l'incubo si trasforma in questo senso da messaggio di orrore a messaggio di speranza, un suggerimento di crescita e di trasformazione positiva per la persona che lo sogna.

Ma per arrivare a tutte queste conclusioni, è proprio necessario l'aiuto di un terapeuta?

Terapeuta sì o terapeuta no?

Ognuno di noi ha le potenzialità e le capacità di interpretare i propri sogni, il problema nasce dal fatto che spesso i sogni ci mandano messaggi che abbiamo difficoltà ad accettare, ad accogliere nel nostro vivere quotidiano. Il rischio che una persona corre se decide di interpretare i propri sogni da sé, è quello di farlo utilizzando dei meccanismi di difesa per edulcorarlo dal significato più vero allo scopo di evitare di confrontarsi con il messaggio autentico.

Il terapeuta, con la sua esperienza e imparzialità, può aiutare il sognante a riconoscere il significato più profondo e autentico.

Lo scopo del terapeuta non è infatti quello di fornire la propria interpretazione inappellabile al sogno, ma di presentare al cliente un punto di vista diverso, una visione esterna, sollecitando la persona a confrontarsi con essa per facilitarla nell'individuazione del significato maggiormente consono al proprio sentire e alla propria storia personale.

In questo senso credo che la facilitazione di un terapeuta possa essere utile alla persona che desideri ricercare con attenzione e interesse il messaggio che, attraverso il sogno, sta cercando di comunicare a se stessa.

Conclusioni

I sogni e gli incubi sono degli strumenti importanti che ognuno di noi ha la possibilità di utilizzare per migliorare la conoscenza di sé, dei propri bisogni e paure personali.

Un terapeuta può facilitare il sognante nel suo viaggio all'interno del suo mondo onirico, che rimane e va trattato come un tesoro privato della storia personale.

Spero che questo articolo sia riuscito non soltanto a incuriosire ma anche a dare maggiore valore ai nostri sogni, un affascinante meccanismo di comunicazione interna.

Troppa terapia?

Non è troppo andare in terapia per due o tre anni di seguito?

La terapia più breve che ho avuto il piacere di fare con successo, è stata solamente di due ore: ovvero due sedute.

Capita di rado ma capita, e spesso accade quando la persona viene da me appena sente l'insorgenza di un problema. Purtroppo è l'eccezione, in quanto spesso le persone si accorgono di stare male o decidono di provare la strada della terapia quando la situazione è ormai diventata critica.

In questi casi è normale che la terapia duri molto più tempo, nella mia esperienza da uno ai tre anni.

Molta gente si spaventa pensando a un intervento così lungo, ma io un giorno mi sono dilettato a fare i conti della serva, e il risultato è stato affascinante.

Un anno di terapia, in un anno come il 2010 che conta 52 settimane, significa vedere il terapeuta per circa 40 ore.

In agosto, durante le vacanze natalizie e quelle pasquali la terapia viene normalmente interrotta. A questo vanno aggiunti imprevisti (traffico, lavoro straordinario, figli malati) e ovviamente impegni inderogabili e malattie da entrambe le parti (cliente e terapeuta).

Un anno di terapia equivalgono quindi a circa cinque giorni lavorativi o, se preferite, a circa cinque mesi passati in palestra (se ci andate almeno tre volte a settimana, come sarebbe consigliabile fare) o spesi in qualsiasi attività fisica amatoriale.

Onestamente non è tanto, tenendo conto che l'obiettivo della terapia è quello di aiutare la persona a modificare il modo in cui vede e affronta una o più situazioni della propria esistenza.

In questo senso, tenendo conto che all'interno di una terapia si possono assistere anche a dei cambi epocali da parte della persona, il tempo che serve per modificarsi per stare meglio è veramente irrisorio.

E sottolinea quante potenzialità di cambiare abbia l'essere umano se adeguatamente supportato e aiutato nel processo.

Quanto deve durare una terapia?

La domanda posta in questo modo, pur se comprensibile, è fuorviante. Provate a farvi le seguenti domande:

* Per quanto dovrò andare in palestra?
* Per quanto tempo dovrò fare la ginnastica correttiva?
* Per quanto tempo dovrò fare la dieta?
* ecc.

L'unica risposta corretta a tutte queste domande è... dipende.

Proviamo ad analizzare la prima – per quanto tempo dovrò andare in palestra –.

Alcune delle possibili risposte (e sicuramente potrebbero essercene molte altre) potrebbero essere: per quanto mi va; fino a quando penso che mi stia dando dei benefici; fino a che non ho risolto il problema alla schiena; fino a quando non potrò allenarmi in maniera autonoma, ecc.

Tenuto conto che l'attività fisica fa "sempre" bene, a qualunque età.

Alcuni sono costretti a farla, magari alcuni esercizi specifici. Altri la fanno regolarmente, e in base alle proprie esigenze.

Quello che voglio dire è che la psicoterapia è come l'attività fisica, l'unico problema è che non viene fatta dalle elementari e quindi spaventa.

Proprio come l'attività fisica la psicoterapia può essere praticata per tutta la vita o per brevi periodi. Alcuni esercizi possono essere fatti da soli, per altri hai bisogno di un allenatore (il terapeuta) che ti aiuti.

Io personalmente faccio i miei esercizi terapeutici tutti i giorni, e questo mi consente di migliorare continuamente, e di essere sempre maggiormente in sintonia con me stesso e con il mondo che mi circonda. Ogni giorno imparo qualcosa di nuovo, o divento maggiormente sensibile a una sfumatura che prima non percepivo così chiaramente.

Dovrei smettere? Non ci penso proprio.

Si può diventare dipendente dalla terapia?

Certo, come lo si può diventare da qualunque cosa.

La domanda da farsi per evitare di esserlo potrebbe essere la seguente: la terapia mi sta aiutando a risolvere i miei problemi e a raggiungere i miei obiettivi di salute personale, sì o no?

Ma a questo punto forse è meglio fare un passo indietro per chiarirci il significato della parola dipendenza.

Ci sono dipendenze benefiche e dipendenze nocive.

Ognuno di noi per vivere ha bisogno di cibo e, in questo senso, ognuno di noi è dipendente dal cibo. Facendo riferimento a questo esempio, potremmo definire dipendenza benefica tutto ciò che serve e che utilizziamo nel quotidiano per stare in salute.

Ma ci sono persone che non utilizzano il cibo per nutrirsi, ma per compensare delle difficoltà. Queste persone corrono il rischio di abusare del cibo, fino a che questo abuso può portare a un peggioramento della salute personale e addirittura, in alcuni gravi casi, persino alla morte dell'individuo.

Facendo riferimento a questo esempio potremmo definire dipendenza nociva ciò che serve e che utilizziamo nel quotidiano per compensare (non risolvere) delle problematiche, che hanno come effetto collaterale un peggioramento o comunque una riduzione del nostro stato di salute.

Ora rifacciamoci la domanda di prima, che adesso dovrebbe avere maggiore senso di prima: «La terapia mi sta aiutando a risolvere i miei problemi e a raggiungere i miei obiettivi di salute personale: sì o no?».

La terapia è "movimento" intervallata da pause per riprendere fiato e per raccogliere le energie necessarie a fare un altro balzo in avanti. Se la persona non sta vivendo su di sé quest'alternanza, allora probabilmente la terapia sta diventando una dipendenza nociva[1]. In caso contrario sarà

---

[1] In questo caso le responsabilità maggiori le ha il terapeuta, che forse non è in grado o non riesce a "smuovere" il cliente dalla sua posizione di stallo. Il terapeuta non è onnipotente, ma può comunque porre il problema al cliente ed eventualmente chiudere la terapia se la giudica infruttuosa.

sempre una dipendenza, ma benefica per la crescita e l'affermazione della persona coinvolta.

Conclusioni

La terapia racchiude al suo interno una serie di strumenti e metodologie per tutelare, coltivare e migliorare la nostra salute. Alla stregua di qualunque attività può essere in parte svolta in maniera autonoma ma a volte richiede il sostegno di un allenatore esperto per raggiungere determinati obiettivi.

Non ha controindicazioni, né limiti di tempo o di età. L'importante è concentrarsi sui risultati e sul nostro movimento, prendendoci cura della nostra salute.

Terapeuta cristiano, musulmano o laico

Un cristiano può essere aiutato da uno psicologo laico? E un cliente laico da uno psicologo cristiano?

E uno psicologo romanista può prendere in cura un cliente laziale?! Sembra una stupidaggine ma mi è capitato nel corso della mia carriera di sentire persone cattoliche che volevano uno psicologo cattolico, nella convinzione che uno psicologo della stessa religione le potesse aiutare a essere maggiormente in sintonia con il proprio credo, e persone laiche, che preferivano uno psicologo laico per non correre il rischio di essere "plagiati" da uno psicologo cristiano.

Ragionamenti comprensibili ma che denotano un problema di fondo: una difficoltà a comprendere il funzionamento di una terapia e gli obiettivi che un terapeuta ha il dovere di perseguire all'interno di essa.

Terapeuti cristiani, laici o musulmani?

O forse, e perché no, un bravo terapeuta? Perché se il terapeuta all'interno di una seduta "predica", ovvero tenta di convincere una persona che la soluzione ai suoi problemi sta nell'abbracciare una determinata religione o filosofia di vita, il terapeuta si sta allontanando dai suoi obiettivi professionali.

Il terapeuta all'interno delle diverse sedute dovrebbe (il condizionale è d'obbligo, in quanto di errori se ne possono sempre commettere, senza contare che come in tutti i mestieri esistono terapeuti non proprio professionali), facendo riferimento alla teoria metodologica di riferimento e alla sua esperienza professionale, aiutare la persona a migliorare la propria salute personale, facilitandola nel ricercare la soluzione che meglio soddisfa tale obiettivo.

Se quindi una persona cristiana si presenta da un terapeuta cristiano per tentare di risolvere un problema in famiglia, il bravo terapeuta tenterà di facilitare la persona in questione senza escludere alcuna possibilità, fra cui anche il divorzio. Il "cattivo" terapeuta potrebbe invece tentare di seguire i "binari" cattolici a tutti i costi per risolvere la situazione, sforzandosi in tutti i modi di evitare la possibilità di un divorzio.

Il primo quindi sta facendo il terapeuta, il secondo il prete (e sto esagerando, in quanto molti preti cattolici non hanno nessun problema a suggerire una separazione in casi di difficoltà familiari).

Ovviamente tale ragionamento si applica a tutte le tipologie di terapeuti e ha un comune denominatore: in tutti i casi il terapeuta sta spingendo il cliente verso la soluzione che lui stesso è convinto essere la migliore in assoluto per il proprio cliente.

Ha un ideale di vita che sta tentando di imporre all'altro, manipolandolo. Ma questa non è terapia.

Ciò non toglie che anche un bravo terapeuta possa commettere degli errori, ma questo vale per chiunque, nessuno ne è immune. E quali sono i rischi in questo caso?

Nulla è certo

Proviamo sempre a tenere in considerazione la situazione in cui sia il terapeuta che il cliente siano cattolici. Come ho detto, potremmo sostituire cattolici con laici, musulmani o romanisti, il concetto di fondo non cambierebbe, tutti sono ugualmente esseri umani e quindi fallibili.

Ammettendo che il terapeuta possa sbagliare, può commettere sostanzialmente due grandi errori:

* Cercare di far sposare al cliente la sua idea (ovvero cercherà di convincere la persona a rimanere con il coniuge a tutti i costi);
* Spingere inconsapevolmente il cliente in direzione opposta (ovvero spingere inconsapevolmente il cliente verso il divorzio).

Manipolazione inconscia 1: convinco la persona a rimanere con il coniuge a tutti i costi
Perché il terapeuta dovrebbe spingere il cliente in una simile direzione? Per tanti motivi, i primi che mi vengono in mente sono i seguenti:

- Il terapeuta confonde credo religioso con metodologia terapeutica. Crede sostanzialmente più ai dettami del proprio credo religioso che alla metodologia che è OBBLIGATO[1] a seguire durante la seduta terapeutica;
- Il terapeuta ha un problema in famiglia e ha scelto di risolverlo continuando il rapporto con il coniuge a tutti i costi. È tanto spaventato dall'idea portata dal proprio cliente di un possibile divorzio – si sente destabilizzato dall'idea rivoluzionaria dell'altro – che tenta a tutti i costi di spingerlo verso una decisione che rispecchi la propria;
- Il terapeuta ha sacrificato se stesso e continua a farlo in diversi aspetti della propria vita, e quindi "pretende" che anche gli altri facciano come lui, anche il suo cliente;
- ecc.

Ora è da sottolineare che la maggior parte di questi processi sono "inconsci". Ovvero il terapeuta non prende simili decisioni a tavolino, in maniera consapevole. Le prende perché lui stesso ha dei problemi a riguardo ma non ne è consapevole, non li accetta, non li vuole affrontare.

Manipolazione inconscia 2: convinco la persona a separarsi a tutti i costi
Anche qui i motivi possono essere diversi, vediamone alcuni:

- Il terapeuta ha paura di essere condizionato dalla propria religione, e quindi per essere tranquillo con se stesso, asseconda l'idea dell'altro verso la separazione;[2]
- Il terapeuta vorrebbe ribellarsi ad alcuni aspetti della propria religione senza riuscirvi. "Tifa" quindi e si identifica nella ribellione dell'altro, sostenendola e promuovendola;

---

[1] Non c'è nulla di male a credere fermamente in un dettame religioso o valoriale, il problema è che la terapia non consente al terapeuta di far passare il proprio credo come giusto a prescindere o ad utilizzarlo come faro guida nella terapia. Altrimenti il terapeuta non è più tale, sta facendo altro e dovrebbe comunicarlo al cliente che sceglierà se proseguire oppure no nel trattamento.

[2] Sembra paradossale ma accade. La paura fa veramente brutti scherzi, anche al terapeuta.

• Il terapeuta prova astio verso il proprio partner, ma non riesce a esprimerla come vorrebbe. Questa rabbia viene rivolta verso il partner che fa soffrire il proprio cliente. Esasperando il vissuto del cliente lo spinge inconsciamente verso una separazione;
• ecc.

Ovviamente anche tutti questi processi possono essere inconsci, espressi in buona fede, con la convinzione da parte del terapeuta di star aiutando il cliente invece di nuocerlo.

Ma allora, come si fa a capire se un terapeuta ci sta aiutando veramente o se involontariamente ci sta manipolando a suo uso e consumo?

Il terapeuta sano

Il terapeuta sano[3] al 100% non credo proprio che esista, o almeno io non l'ho mai incontrato. Possiamo distinguere però fra terapeuti consapevoli e inconsapevoli.

I primi sanno che hanno un problema e lo tengono sotto controllo, lo monitorano costantemente per evitare che possa causare guai. Conoscono la propria fragilità e sono sempre all'erta per evidenziarne di nuove.

I secondi tendono a essere intimamente convinti di essere in possesso della verità... o di non esserlo affatto. Hanno l'abitudine di ragionare per assoluti e tendono a oscillare fra due atteggiamenti opposti: o impongono le proprie idee al cliente o lo assecondano, dando loro ragione su tutto ciò che dicono.

Di fatto sono quelli che in gergo tecnico "colludono" con il cliente, ovvero hanno un atteggiamento più da "amico" che da terapeuta.

Ma come si fa a distinguerli?

Sviluppare un radar anti "terapeuta collusivo"

Individuare un terapeuta collusivo non è tanto facile[4], in quanto sia il terapeuta collusivo che quello "sano" possono suscitare nel cliente

---

[3] Il condizionale è d'obbligo, non si può mai sapere nella vita.

[4] È importante sottolineare che il terapeuta collude quando non fa il suo mestiere. Quindi sia quando è accondiscendente con il cliente sia quando presenta un atteggiamento oppositivo a esso.

emozioni sovrapponibili.

Ovvero se provo rabbia nei confronti del mio terapeuta, tale emozione potrebbe essere provocata da un'aggressione più o meno velata nei miei confronti (collusivo) oppure dal fatto che non mi sta dando ragione su un argomento su cui ero convinto e pretendevo di averne (sano).

La differenza non è tanto nel tipo di emozione suscitata ma il motivo, la ragione che genera una particolare emozione.

- Mi sto arrabbiando perché mi sta trattando come un deficiente, o mi sto arrabbiando perché ho difficoltà ad accettare un'opinione diversa dalla mia?
- Voglio bene al mio terapeuta perché dandomi ragione su tutto mi ha fatto sentire meno solo, o perché mi ha continuato a stare accanto anche se non era d'accordo su alcuni miei modi di fare e di pensare?
- Sono uscito dalla seduta con il cuore pesante perché mi sono sentito profondamente e inutilmente ferito, o perché ho contattato una grande verità?

Sono queste alcune domande che una persona dovrebbe farsi per comprendere quanto il terapeuta che ha davanti sia in grado di sostenere e facilitare il proprio cliente verso un processo di guarigione e di promozione della propria salute.

Conclusione

Guarire non è cosa facile, nemmeno per i terapeuti, che quotidianamente combattono per migliorarsi ed evitare di fare gli errori che involontariamente possono aver commesso il giorno prima. È di fatto impossibile trovare un terapeuta perfetto, e forse è anche meglio così. La terapia infatti non insegna la perfezione ma a contattare profondamente la nostra umanità, la nostra identità per dare a entrambe dignità e importanza.

Terapia è quindi libertà e rispetto dell'essere, in tutte le sue manifestazioni. Se all'interno di una terapia vi sentite liberi e rispettati, anche se arrabbiati e sofferenti, o estasiati e contenti, allora siete nel posto giusto… anche se non vi trovate dal terapeuta.

A cosa serve la terapia di coppia

Terapia di coppia, che vuol dire?

Terapia significa promuovere la guarigione di qualcuno o, in questo caso, della coppia. Il problema è che la guarigione può portare verso traguardi che né il terapeuta né la coppia potrebbero assolutamente aspettarsi.

Di fatto un coppia che decide di entrare in terapia per stemperare e addolcire il doloroso passaggio di una separazione o di un divorzio, potrebbe incredibilmente riunirsi. D'altra parte una coppia che arriva con lo scopo di riconciliarsi potrebbe scoprire la propria totale incompatibilità all'interno di una terapia di coppia.

La terapia in questo senso aiuta la coppia a confrontarsi, facilitati da una persona o da due persone esperte e al di sopra delle parti, con la loro realtà quotidiana di coppia. Vengono messi a nudo quindi, bisogni, speranze, aspettative, malumori, gioie, dolori, e tutto ciò che abbia caratterizzato la loro vita comune.

Per vita comune non si intende necessariamente un matrimonio o una convivenza, ma qualsiasi relazione affettivamente elettiva, che venga riconosciuta da entrambi i membri come una relazione di "coppia".

In questo senso per coppia non si intendono necessariamente coppie eterosessuali (formate da un uomo e una donna) ma anche coppie omosessuali (formate da persone dello stesso sesso), in quanto ogni persona che condivida un legame affettivamente e sentimentalmente importante con un'altra persona, da un punto di vista tecnico è vista come facente parte di una coppia.

Un terapeuta o due terapeuti?

Da un punto di vista strettamente tecnico non esiste un obbligo a svolgere una terapia di coppia con uno piuttosto che con due terapeuti. Ci sono piuttosto scelte metodologiche diverse a seconda degli approcci e della situazione contingente.

Per fare un esempio pratico, potrebbe crearsi una situazione difficile da gestire, se un terapeuta, che abbia in cura la moglie da diverso tempo, decidesse di gestire una terapia di coppia singolarmente.

I quattro rischi che potrebbe correre il terapeuta (rischi che potrebbero manifestarsi anche contemporaneamente) sono i seguenti:

1) Il terapeuta potrebbe, all'interno della terapia di coppia, parteggiare per la moglie. Dopo ore e ore passate ad ascoltare i problemi della sua cliente, il terapeuta potrebbe sentirsi partecipe dei suoi problemi. Questa partecipazione, anche se lieve, potrebbe portarlo a "difenderla" durante la terapia, riducendone di fatto l'efficacia.

2) Il terapeuta potrebbe, all'interno della terapia di coppia, schierarsi dalla parte del marito. L'altra faccia della medaglia. Il terapeuta in questo caso, dopo ore e ore passate ad ascoltare quelle che a volte considera delle lamentele esagerate da parte della moglie, potrebbe "caldeggiare" le posizioni del marito[1].

3) Il terapeuta potrebbe doversi confrontare con l'ostilità della moglie, che potrebbe rinfacciargli un atteggiamento esplicitamente non di parte. Questo può accadere anche se il terapeuta ha gestito la terapia individuale e sta gestendo la terapia di coppia in maniera estremamente corretta.

4) Il terapeuta potrebbe doversi confrontare con l'ostilità del marito, che potrebbe rinfacciargli un atteggiamento apparentemente di parte, anche se il terapeuta sta conducendo la terapia di coppia nella forma più corretta.

Tali rischi alcuni professionisti li risolvono chiamando un altro terapeuta a sostegno, che di fatto possa fungere da equilibratore nel sistema, altri rinviando la coppia ad altro terapeuta o terapeuti, altri ancora

---

[1] È importante sottolineare che in entrambi i casi il terapeuta non commette un errore nuovo durante la terapia di coppia, ma si porta appresso un errore che sta già commettendo nel corso della terapia individuale. Immedesimarsi nei problemi della moglie, o in quelli del marito, è sintomo di un problema di collusione che il terapeuta dovrebbe affrontare a prescindere dall'avviare o no una terapia di coppia.

si prendono la responsabilità – dopo un'attenta e oculata analisi – di affrontare i rischi che la situazione comporta.

La terapia di coppia = terapia individuale?

Assolutamente no. La terapia di coppia non può essere paragonata a una terapia individuale o, per meglio dire, la terapia individuale potrebbe assumere a tratti delle connotazioni che richiamano la terapia di coppia, in quanto nella terapia individuale si ha molto più tempo, spazio e possibilità di approfondire di quanto non si abbia all'interno della terapia di coppia.

Di fatto:

- La terapia di coppia ha una durata media di 190 minuti (1 ora e mezza) e lo scopo principale è quello di aiutare la coppia ad... ascoltarsi.
- Lo psicoterapeuta all'interno della terapia di coppia da un lato sollecita e al tempo stesso difende ogni membro a esprimere e a comunicare all'altro i propri problemi e desideri, dall'altro aiuta il partner a recepire e assorbire le informazioni ricevute.

In pratica il terapeuta facilita il passaggio della comunicazione, a volte fungendo da vero e proprio "traduttore" delle esigenze e dei problemi dell'uno nei confronti dell'altro e viceversa. Ovviamente tutta questa opera va fatta cercando di essere il più neutrale possibile, ovvero lo scopo è quello di tradurre fornendo ove necessario la propria opinione in merito senza "tifare" o "screditare" nessuna delle due parti.

Tutto qui?

Tutto qui. Ma è un compito veramente delicato e gestito sempre sul filo di lana, soprattutto se parliamo di una coppia estremamente irritata da una lunga storia di incomprensione reciproca.

Provate a fare mente locale. Vi è mai capitato di fare da mediatore fra due persone a cui basta una sola parola sbagliata per farle irrigidire, chiudere la conversazione o arrabbiare?

Andando più sul personale: avete mai provato a far capire qualcosa a una persona (moglie, marito, figlio/a, amico, ecc.) che l'altro sembra non accettare a prescindere e addirittura travisare senza che voi riusciate apparentemente a fare nulla in proposito? Quanto vi ha fatto irritare il sentire di non essere ascoltati?

Pensate a una coppia che da anni accumuli problemi su problemi senza riuscire a parlarne in maniera costruttiva e che, improvvisamente, per una qualunque causa scatenante (la nascita di un figlio, un difficile momento economico, uno schiaffo o un tradimento scoperto) vada drammaticamente in crisi.

Occorre in questo senso sottolineare alcune cose:

- Spesso la coppia è in crisi da diverso tempo ma va dallo psicoterapeuta solo all'ultimo stadio, ovvero quando si tenta di evitare o di alleviare una separazione sentita come inevitabile.
- Spesso la coppia va in crisi perché non "si ascolta" fino in fondo, molte volte per timore di fare peggio anziché meglio.
- La terapia, facilitando l'ascolto all'interno della coppia, aiuta le due persone a comprendersi reciprocamente e a fare la scelta giusta senza la preoccupazione di sbagliare.

Ma forse è il caso che mi spieghi un po' meglio, soprattutto sugli ultimi due punti.

Spesso la coppia va in crisi perché non "si ascolta" fino in fondo, molte volte per timore di fare peggio anziché meglio
Nella mia esperienza diverse coppie hanno paura di affrontare alcuni discorsi, anche paradossalmente molto "stupidi". Ci sono persone che non riescono a dire nemmeno che preferirebbero fare una cosa piuttosto che un'altra, dire il proprio programma televisivo preferito, ammettere che non piace un determinato piatto o che si hanno determinati desideri sessuali. La paura che si vive è quella di non essere accettati, di essere derisi o di deludere il partner, con il rischio quindi di perderlo o di incrinare un rapporto che può essere iniziato da poche ore come da molti anni.

Senza che uno se ne accorga le cose nascoste passano da poche a decine nel corso del tempo trascorso insieme, mentre si spera intimamente che prima o poi il partner comprenderà le sue necessità o che la situazione in qualche modo si risolva da sé.

La persona così impercettibilmente comincia a vivere una vita parzialmente frustrata, in quanto non riesce a esprimere liberamente tutto ciò che vorrebbe di sé, interpretando mano a mano un ruolo che non è propriamente il suo.

A volte comincia a dare la colpa di questo processo al partner, che non riesce a comprendere le sue difficoltà inespresse, altre cerca di accontentarsi di quello che ha: insomma in un modo o nell'altro trova delle soluzioni per continuare a stare con il partner senza esprimere liberamente se stessa.

Alla lunga (in un processo che può raggiungere l'apice in pochi mesi o in innumerevoli anni) lo stress accumulato diventa tale da far "deflagrare" la crisi, con effetti devastanti per chiunque e con il rischio – per aver trascurato di parlare di sé – di chiudere un rapporto potenzialmente positivo o, al contrario, aver mantenuto inutilmente aperto un rapporto poco soddisfacente per anni.

La terapia, facilitando l'ascolto all'interno della coppia, aiuta le due persone a comprendersi reciprocamente e a fare la scelta giusta senza la preoccupazione di sbagliare. Ora il concetto di "sbagliare" forse comincia ad assumere un qualche significato. Ovvero a volte le persone hanno paura che, mostrandosi per quello che sono o anche accettando l'altro per quello che è, "sbagliano": ovvero, rischiano di incrinare l'equilibrio di coppia con conseguenze potenzialmente disastrose.

In parte hanno ovviamente ragione. Di fatto accettare l'altro e se stessi distrugge l'equilibrio precedente basato sulla mancanza di una totale accettazione di sé e dell'altro, e ogni cambio di un assetto interno alla coppia genera ansia e preoccupazione. Ma di solito un simile cambiamento porta solo del bene, anche se non sempre conduce a un mantenimento del rapporto.

Di fatto una relazione basata sulla rispettiva accettazione porta alla lunga a una liberazione dall'ansia e a una maggiore salute interna. Ovviamente l'autenticità che ne deriva pone le basi per chiarire se le persone sono in sintonia fra di loro (con conseguente consolidazione del rapporto di coppia) oppure no (con conseguente chiusura del rapporto di coppia)[2].

Va da sé che tale processo potrebbe essere svolto anche da un solo membro della coppia, mentre l'altro continuerà a lottare per mantenere disperatamente lo *status quo* perduto.

---

[2] Sottolineo di coppia in quanto nulla esclude l'apertura ad altre forme di rapporto, per esempio di amicizia, che a quel punto divengono possibili grazie a una maggiore "leggerezza" di entrambi.

Tenendo conto di quest'ultimo aspetto, non sempre una terapia condotta secondo i migliori crismi e tecnicamente inappuntabile, è vista come funzionale da entrambi i partner e conseguentemente non avrà successo a stemperare e risolvere tutti i conflitti interni.

Facilitare la comunicazione e l'accettazione dell'altro... utile solo nella terapia di coppia?

Ovviamente no. I principi utilizzati nell'ambito della terapia di coppia vengono utilizzati anche per facilitare i rapporti all'interno di una famiglia (terapia familiare) ma anche per facilitare la negoziazione fra paesi in conflitto che tentano una riconciliazione diplomatica.

In linea teorica potrebbe anche essere applicata per tentare di "ricucire" un vecchio rapporto di amicizia, per facilitare la comunicazione in ambito lavorativo, ecc.

E ci tengo a sottolineare che la terapia di coppia o, se vogliamo dire, una terapia "relazionale" non fa bene soltanto alla relazione ma anche ai singoli, che possono divenire più capaci nel processo di affermare se stessi nella relazione e migliorare la comprensione e l'accettazione dell'altro.

Conclusione

Di fatto la terapia di coppia serve a creare un'occasione per la coppia di comprendersi, viversi e confrontarsi con maggiore libertà del solito, per tentare di costruire un rapporto più aperto e rispettoso l'uno dell'altro. Questo rinnovato rispetto potrebbe portare a una consolidazione del rapporto come a una sua definitiva chiusura.

È un processo che andrebbe fatto subito con se stessi e poi altrettanto immediatamente con il proprio partner già dalle prime ore del rapporto, per evitare il rischio di "perdersi" all'interno della relazione.

In questo senso la terapia può essere fatta da chiunque, in qualunque stadio del rapporto, per migliorare la comunicazione interna e vivere una relazione maggiormente felice e appagante.

Emotività e psicoterapia

Il salto di paradigma

Per salto di paradigma nel suo saggio Kuhn intende un cambio radicale di punto di vista che può modificare radicalmente la prospettiva nell'affrontare e intendere la realtà, sia da parte di un singolo che di una comunità più o meno estesa (per esempio quella scientifica ma anche quella familiare). Il primo esempio che mi viene in mente è legato a Galileo, e alla sua ipotesi scientifica, poi comprovata, del fatto che non fosse il sole a girare intorno alla terra ma l'opposto. Ciò alla lunga non solo portò a riformulare tutte le teorie scientifiche connesse a tale fatto ma anche ad abbandonare una visione antropocentrica dell'universo tanto cara alla chiesa e a molti pensatori dell'epoca.

Volendo fare un esempio a noi più vicino, la teoria del caos, oggi accettata da gran parte del mondo accademico, fu ai suoi esordi pesantemente osteggiata.

Ma cosa c'entra questo con la psicoterapia?

Il salto di paradigma terapeutico

Molti dei problemi delle persone risiedono nell'affrontare la realtà obbedendo a presupposti, percezioni e teorie personali "sbagliate".

Immaginiamo un bambino che è convinto di essere responsabile della separazione dei propri genitori, a causa di una madre disperata che insiste a passargli il messaggio che se lui non esisteva forse papà non se ne sarebbe andato. Il bambino crede alla madre, si convince della sua responsabilità, e da quel momento in poi attiverà, per esempio, un comportamento di compensazione: ovvero cercherà continuamente di prendersi cura della madre per sgravarsi della sua presunta responsabilità di aver provocato la fuoriuscita da casa del padre. Una volta diventato adulto continuerà a scontare la pena, anche se in modo più moderato. Si sentirà personalmente responsabile del benessere della madre, e continuerà a porre gli interessi di lei di fronte ai propri e a quelli della propria famiglia. Per esempio comprerà il televisore nuovo a sua madre, prendendo per sé e la sua famiglia quello usato. Eccetera.

Vedete quanto una falsa convinzione maturata in tenera età possa condizionare così pesantemente la vita di un essere umano. Per noi appare ovvio ma attenzione. Spesso le persone hanno difficoltà a rivedere se stessi in esempi di malesseri, e quindi qualcuno di voi potrebbe avere un problema simile, rimanerne esterrefatto, e non essere consapevole di essere il primo a commettere un simile errore.

Uno degli strumenti di guarigione utilizzati dalla terapia è quello di rendere evidente il malessere che la persona è abituata a vedere come normale, giusta e in qualche modo inevitabile. Ovvero a fargli fare un salto di paradigma. Ma affinché un salto di paradigma riesca occorre tener conto di diverse variabili.

Sapere razionale e sapere emozionale

Molte persone sono convinte che basti essere a conoscenza del problema per risolverlo. Se così fosse molti fumatori non sarebbero più tali da molti anni. Tutti sono a conoscenza che il fumo possa provocare cancro ai polmoni ma molti, pur sapendolo, non riescono a smettere di fumare. Parte è dovuto alla dipendenza che le sigarette possono provocare, ma gran parte del problema è dovuto al fatto che essere a conoscenza non implica necessariamente aver fatto un salto di paradigma.

Fare un salto di paradigma significa sia vedere ma anche sentire una situazione in maniera completamente diversa. Non basta sapere che una sigaretta potrebbe nuocerci ma anche provare la paura connessa al rischio di poter morire. Se non si percepisce la paura, il messaggio scritto sui pacchetti diventerà un'informazione sterile, fredda, che in qualche modo non mi riguarda in quanto non mi suscita nessun tipo di emozione decisa, duratura e persistente.

Stiamo parlando finora di una emozione spiacevole come la paura, ma il discorso vale anche per emozioni gradevoli connesse al principio di piacere.

Ho conosciuto persone che erano convinte che l'unico formaggio buono fosse il Bel Paese, ed erano sicurissime che nessun altro formaggio potesse piacere loro anche se non l'avevano mai assaggiato. A poco servivano i tentativi verbali dei conoscenti a convincere queste persone del contrario fino a quando, per caso o a volte per astute trappole in cui cadevano, scoprivano il piacere e il gusto nel mangiare per esempio un Taleggio.

Come potete vedere il sapere razionale è importante ma non sufficiente per compiere un balzo verso una nuova consapevolezza. Occorre quindi poter esperire un'emozione che soppianti le precedenti e ci faccia provare la verità di un nuovo modo di percepire la realtà sulla nostra pelle.

Questa rinnovata percezione ci consentirà di agire con un approccio diverso, più adatto alla nuova (ma sempre identica) realtà percepita, e quindi ci consentirà, in poche parole, di cambiare. Il cambiamento è di fatto il *focus* di una terapia, e quindi ecco l'importanza rivestita dalle emozioni nel facilitare la buona riuscita di una psicoterapia.

Ma in che modo?

Emozioni e psicoterapia

Ci sono diversi modi di "utilizzare" costruttivamente le emozioni in terapia, vediamone alcuni.

• Il clima di accoglienza di fondo

Creare un buon clima, un clima in cui la persona si senta accolta, libera di parlare di qualunque cosa e soprattutto non giudicata, è fondamentale per ottenere un terreno che faciliti lo scambio e il potenziale cambiamento. Il clima è una sensazione che coinvolge le emozioni, e può essere un potente fattore di cambiamento. Di fatto la maggior parte delle persone che hanno delle difficoltà a livello psicologico, hanno subito dei traumi, delle sofferenze piccole o grandi che siano. Parte di queste sofferenze sono da addebitare a un clima non favorevole alla crescita e alla piena affermazione di sé. Un'atmosfera pesante, in cui non si poteva parlare se non si era prima interrogati, in cui qualunque errore veniva punito severamente, in cui le opinioni diverse da quelle consolidate venivano pesantemente criticate, sono tutti esempi pratici di un clima potenzialmente nocivo per un corretto e sano sviluppo personale.

In questi casi una persona può maturare l'esperienza e la convinzione che non possa esistere un clima diverso, e che quindi il proprio vero modo di essere non sarà mai accolto con rispetto e calore. Poter avere la possibilità di sperimentare un clima facilitante può significare provare la confortante sensazione di sentirsi accolto e quindi di poter parlare di sé senza paura di dover soffrire in qualche modo per questo, ma anche imparare a donare a se stessi lo stesso tipo di accoglienza e calore.

• *Sperimentare delle risposte emotive diverse dalle proprie*
Immaginate una persona che con grande tranquillità descrive la propria infanzia costellata di violenze e abusi. A un tratto alza lo sguardo e vede l'espressione inorridita, attonita e addolorata del proprio terapeuta e in cuor suo non capisce il perché di tanta emotività: in fondo sta parlando di cose assolutamente normali. Gli viene il dubbio che il terapeuta lo stia prendendo in giro e con grande imbarazzo, e con un sorriso a mezza bocca, si arrischia a chiederglielo.

A voi può sembrare una situazione assurda ma di fatto non lo è, in quanto le persone che, come nel mio esempio, sono abituate al dolore hanno la tendenza a non percepirlo più e di conseguenza hanno difficoltà a comprendere l'origine dei loro malesseri. Poter confrontarsi con un'emozione diversa, che sottolinei la gravità di tutto ciò che ha passato, può aiutare la persona a percepire in maniera diversa la propria storia e a rientrare in contatto, dando dignità, alle emozioni di dolore provate e soffocate per tantissimo tempo.

L'esempio può essere valido anche per emozione più "positive". Immaginate una persona che descriva con malinconia e rabbia i suoi numerosi successi nella propria vita lavorativa, in quanto li giudica insufficienti rispetto a ciò che avrebbe potuto veramente fare, che incontri lo sguardo sorridente e pieno di sincera ammirazione del proprio terapeuta…

• *Veder riconoscere le proprie emozioni*
A volte le persone hanno difficoltà a riconoscere le proprie emozioni o anche a manifestarle. Spesso un simile atteggiamento crea difficoltà nell'accettazione di sé, nell'affermare se stessi e quindi nella relazione con gli altri. Provo a fare un esempio concreto.

Ammettiamo che a me non piaccia il bollito, ma fin da piccolo mi hanno obbligato a mangiarlo anche se non mi piaceva. Con il tempo, continuamente redarguito o preso in giro per questo motivo, evito di mostrare (con smorfie di disgusto) e di manifestare (a parole) il mio dissenso e trovo difficoltà ad ammetterlo anche con persone esterne alla mia famiglia. In conseguenza di ciò mi costringo a mangiare il bollito anche a casa di altri, e di conseguenza con il passare del tempo, dò sempre meno importanza e valenza al sentimento di fastidio che provo ogni qual volta che vedo il bollito, divenendo mano a mano meno capace di affermare il fatto che il bollito non mi piace e a smettere di mangiarlo.

Nel tempo, senza accorgermi, ho lentamente imparato a non tener conto di una parte di me (non sono uno a cui piace il bollito), e delle emozioni a essa correlata (disgusto, fastidio, ecc.).

Un problema apparentemente banale (mi piace il bollito), nasconde un problema ben più grave anche se piccolo in confronto ad altri (mi abituo a non rispettare e tener conto dei miei gusti e quindi a non rispettarmi).

Questo tipo di atteggiamento può provocare tre ordini di problemi, con la persona che può:

• Trovare difficoltà nel consentire a un'emozione di affiorare, col rischio di non darle la giusta rilevanza (poiché manifesto poca rabbia per una violenza subita, significa che la violenza non era così significativa);

• Rifiutare più o meno consapevolmente il tipo di emozione che sto provando/manifestando (accenno un'espressione di disgusto, ma nego la mia emozione di fronte agli altri);

• Impedire a un'emozione di affiorare. Tale controllo può far percepire l'emozione come un'ansia diffusa, che può allarmare la persone e spingerla a esercitare un ulteriore atto di coercizione su di essa.

In tutti e tre i casi sentire il proprio terapeuta dare un nome, descrivere le emozioni che si stanno provando in quell'istante dentro di sé, può essere di grande aiuto – e anche provocare grande inquietudine le prime volte – in quanto consente alla persona di riappropriarsi di alcune parti di sé "dimenticate" e di iniziare a riutilizzarle nella vita di tutti i giorni per orientare in maniera più efficace e in sintonia con il proprio sentire il proprio agire (con conseguente aumento della propria autostima).

Una figura di riferimento che sia un esempio emotivamente diverso
Ovviamente tutto ciò è possibile se il terapeuta ha un buon rapporto
con le proprie emozioni, riuscendo a fornire al cliente un esempio di un
"modo di essere" emotivamente alternativo e più sano. Poter avere di
fronte a sé una persona di fiducia, che riesce a comunicare attraverso le
proprie emozioni la possibilità di un modo diverso e più funzionale di
affrontare i problemi e di vivere, può avere un grande impatto sul vissuto del cliente. Se ho di fronte a me un terapeuta bacchettone, depresso, giudicante o particolarmente nevrotico, non solo correrò il rischio
di non migliorare ma anche di credere che forse sono io quello sbagliato. Poiché infatti vedo il terapeuta come punto di riferimento, potrei
convincermi che non è possibile o che addirittura sarebbe ingiusto
cambiare per affrancarmi da tutta una serie di problemi.

Va da sé che tutto ciò che abbiamo detto finora vale anche al di fuori
della terapia. Forse i terapeuti avrebbero meno lavoro da svolgere se
nella vita quotidiana un approccio relazionale che tenga conto dell'importanza di coltivare un "contesto" emotivo maggiormente sano e arricchente, sia a casa che sul posto di lavoro, venisse messo in opera da
tutte quelle figure che vengono considerato in un determinato ambito
"di riferimento".
Consentendo quindi ai bambini di crescere sviluppando una profonda
autostima personale, e ai lavoratori di vivere un contesto lavorativo più
arricchente, rispettoso e di conseguenza maggiormente produttivo.

Conclusione

La terapia, per essere davvero funzionale, deve non solo essere dialogo
razionale ma anche emotivo. Affinché ciò accada il terapeuta non deve
essere solo preparato nella propria materia ma anche emotivamente at-
trezzato per fornire al cliente un supporto umanamente ricco e pieno,
per consentirgli di compiere un salto di paradigma, un balzo in avanti,
nel modo di percepire e vivere la propria vita quotidiana.

Temi scottanti

Formazione sì, formazione no: questo è il dilemma

La domanda è semplice e diretta: la formazione aziendale è concretamente utile per migliorare le competenze, le conoscenze e gli atteggiamenti dei partecipanti, apportando migliorie al clima e alla cultura interna, oppure è una pura e semplice perdita di tempo che le aziende (pubbliche e private) potrebbero risparmiarsi investendo i propri soldi in attività realmente migliorative e produttive?

Ha senso far utilizzare alle persone numerose giornate del proprio lavoro per frequentare corsi di formazione, o sarebbe meglio lasciarle in ufficio a lavorare o magari, allo stesso prezzo, regalare loro una bella vacanza premio da utilizzare con chi vogliono?

La mia risposta è: dipende. Dipende dal risultato che si vuole ottenere. E occorre a questo punto sottolineare una cosa: se è vero (e pare proprio che lo sia) che la maggior parte delle nozioni passate viene dimenticata dall'uditorio, ma che senso ha investire in un'attività che, a detta degli studiosi, "rende" così poco?

Il problema è che la formazione non può essere definita tale se non accompagnata dal consolidamento dell'apprendimento, ma questa fase cruciale viene metodicamente saltata, per incuria o per ignoranza, dalla maggior parte delle aziende coinvolte. Inoltre c'è gran confusione fra informazione, addestramento e formazione, le professionalità richieste per gestire efficacemente questi tre aspetti dell'educare, e la metodologia corretta per ottenere il massimo del rendimento in tutti e tre i processi.

Informazione, addestramento e formazione

Informare (ovvero ampliare l'area del sapere) probabilmente è l'area più facilmente gestibile fra i tre processi. Richiede di fatto una fonte di sapere (una persona, un libro, uno strumento multimediale) che possa essere accessibile dal fruitore (una maestra all'interno di un'aula, un libro scritto in una lingua accessibile, uno strumento multimediale – come il computer – di cui si conosce l'utilizzo) e con cui il fruitore possa confrontarsi per essere sicuro di aver recepito correttamente il messaggio.

Difatti una maestra può essere interrogata per chiarire alcuni dubbi, di un libro o di uno strumento multimediale se ne possono rileggere i passaggi per comprendere meglio un concetto.

Ma il ricevere le informazioni non è sufficiente per garantire l'apprendimento, occorre che la maestra interroghi il partecipante per comprendere se ha capito, facendo dei test o dei giochi per mettere alla prova il grado di conoscenza acquisita (la stessa cosa vale per i libri o i prodotti multimediali).

Tali prove devono spesso essere ripetute nel tempo per garantire il mantenimento e la completa acquisizione delle informazioni apprese. In questo senso il miglior tipo di test possibile è probabilmente il costante utilizzo delle informazioni nella realtà quotidiana, altrimenti si corre il rischio di dimenticare tutte quelle informazioni non strettamente attinenti al proprio lavoro.

Per fare un esempio, diventa difficile ricordare tutte le regole della grammatica inglese se non si fa un po' di pratica ogni tanto, o attraverso esercizi o magari parlando con qualcuno che ha l'accortezza di correggerci quando sbagliamo.

Ma se ci pensate bene, lo stesso ragionamento vale per l'italiano. Io personalmente ogni tanto devo fare mente locale per ricordarmi il modo con cui si scrivono determinate parole che non ho l'abitudine di usare molto spesso. Mi capita anche di sentire miei amici, che parlano un italiano ineccepibile, girarsi verso di me per chiedermi se una determinata parola vada scritta con una o due "g", o "t", o altro perché in quel momento non se lo ricordano. Una volta ricevuta la risposta, appare chiaro anche a loro che non poteva essere scritta altrimenti, come se la memoria fosse ritornata improvvisamente a funzionare.

Già qui appare chiaro l'importanza del consolidamento, senza il quale l'informazione potrebbe essere o mal appresa e sicuramente dimenticata dopo pochissimo tempo.

La professionalità richiesta per informare è sicuramente un'ottima conoscenza dell'argomento unita a un chiaro eloquio, ovvero la capacità di parlare in maniera chiara e semplice. Un tale professionista dovrà inoltre avere una buona capacità di relazionarsi con gli altri e un grande senso di rispetto per le persone che vengono a imparare, altrimenti si corre il rischio che i partecipanti possano ribellarsi, più o meno coscientemente al maestro, riducendo di fatto le opportunità e le probabilità di apprendimento.

Già quindi per Informare occorrono diverse competenze e qualità personali (qui appena accennate), ma è importante sottolineare che ogni volta che parliamo di formazione *on-line* stiamo già sbagliando termine, poiché di fatto parliamo di Informazione *on-line* (formare e addestrare *on-line* è di fatto estremamente difficile, ne più né meno come possa esserlo insegnare a qualcuno ad andare in bicicletta spiegandogli come teoricamente si fa senza fargli fare nessuna pratica in merito). Poiché inoltre chi informa passa esclusivamente (almeno in teoria) un sapere teorico, non necessariamente deve essere capace di applicarlo.

Per parlare di paradossi, una persona che non sa nuotare può però spiegare la fisica e i concetti su cui si basa il nuoto senza essere mai entrato in acqua in vita sua, e un astemio potrebbe benissimo spiegare i criteri organolettici da utilizzare per la degustazione del vino.

Addestramento

Addestrare (ovvero migliorare e ampliare le proprie capacità del fare), probabilmente è un passo in più nella scala dell'apprendimento. L'obiettivo è sviluppare una conoscenza teorico-pratica di una determinata attività.

A tale scopo il libro non è più sufficiente e lo strumento multimediale deve avere determinate caratteristiche (pensiamo alla complessità dei simulatori di volo, di navigazione o di combattimento) per poter risultare realmente utile allo scopo. Il maestro è di fatto un allenatore, che con la sua esperienza teorico-pratica insegna all'allievo a diventare abile nel fare qualcosa.

Anche qui la conoscenza deve essere testata, consolidata e migliorata nel tempo, all'interno di una realtà sicura e non minacciosa (la simulata) per poi continuare l'addestramento nella realtà "vera", sul lavoro.

Ed ecco spesso il primo problema: quanto tutto questo nella realtà accade? La mia esperienza è piena di esempi di persone "gettate nella mischia" senza nessuna esperienza o sessione addestrativa seria, e di altre preparate ma poi non seguite adeguatamente sul campo, col rischio di metterle nella condizione di esporsi a errori che, in ambito lavorativo, possono tradursi in infortuni più o meno gravi.

La Professionalità richiesta è il possesso di una adeguata competenza teorico-pratica del comportamento da far acquisire, ma soprattutto un'ottima capacità di aiutare la persona a correggere i propri errori e a sostenerla e motivarla nel superare le difficoltà insite nel plasmare mente e corpo in un'attività sconosciuta.

Tornando all'esempio della bicicletta, occorre avere qualcuno che oltre a saperci andare, sappia anche darti delle "dritte" utili guardando il tuo modo di stare in sella, suggerire miglioramenti per non farti cadere osservando i tuoi errori, e sostenerti motivandoti ad andare avanti anche se in qualche caso vorresti buttare la bicicletta nel fossato più vicino.

Non è necessariamente richiesto di essere il migliore nel proprio campo (molti allenatori sportivi non sono mai emersi come campioni ma ne hanno creati diversi), però occorre sicuramente avere anche una conoscenza pratica di ciò che andiamo a passare ad altri, in quanto un elemento basilare è la possibilità di imitare il proprio maestro, come base di partenza e di ulteriore sviluppo delle proprie capacità.

Ma quante volte accade che corsi di addestramento vengono messi in mano a persone che non sanno fare praticamente ciò di cui vanno a parlare?

Quante altre volte si assistono a corsi di addestramento esclusivamente teorici, fatti sui libri, discutendo delle diverse opzioni senza poter toccare con mano l'oggetto della discussione?

Il primo esempio che mi viene in mente è la mia esperienza durante il servizio militare, quando ci insegnavano come sparare senza avere nessun fucile in mano. Il nostro addestratore ci diceva come prendere la mira, come tarare l'alzo, come caricare l'arma con i colpi, ma senza nessun fucile in mano: affascinante.

Formazione

Formare (ovvero acquisire e sviluppare un nuovo modo di essere, sotto forma di mentalità e atteggiamenti nuovi e maggiormente funzionali dei precedenti) è il campo della formazione, e già ci si perde dopo le prime due righe.

Ovvero se è chiaro che cosa vuol dire sapere (imparare una poesia a memoria) e saper fare (imparare ad andare in bicicletta) istintivamente non so quanti di voi riescano a fare un esempio pratico di una formazione ben riuscita, in quanto anche a me, leggendo queste righe, mi sembra che l'informare e l'addestrare siano più che sufficienti per migliorare la vita e la capacità di lavoro di un individuo... o no?

Per farla semplice: formare significa cambiare le abitudini di una persona, convincerla che il proprio modo abituale di gestire la propria vita lavorativa (o privata) non è quella giusta e motivarla a modificare il proprio stile di lavoro e/o di vita.

A dirla così sembra facile, ma provate a pensare di cambiare le abitudini di un vostro parente prossimo (moglie, marito figlio e genitore) e poi ne riparliamo.

Quanti di noi hanno tentato o tentano tuttora di modificare le abitudini (alimentari, mentali, comportamentali, ecc.) di una persona subendo una frustrazione dopo l'altra?

Quante di noi hanno provato semplicemente a cambiare le proprie incontrando serie e a volte insuperabili difficoltà?

I requisiti necessari

Cosa serve per "formare" le persone?

L'informazione è utile ma non è sufficiente. Sappiamo tutti, più o meno, che una dieta equilibrata fa bene alla salute, ma ciò non toglie che la maggior parte di noi sia in sovrappeso.

Anche l'addestramento è importante, ma non è sufficiente. Tornando all'esempio di prima, posso seguire un corso di cucina per imparare delle modalità di cottura più sane, e poi tornare a casa e dopo un paio di giorni di "olio a crudo" farmi una bella e piacevole frittura di paranza.

Le cose tendono a complicarsi se non vivo da solo, in quanto tutte le mie buone intenzioni possono essere frustrate da un convivente che, mentre io mi faccio un'insalatina, si cuoce una bella porzione di patate al forno: come resistere?

Ovvero una corretta formazione deve modificare gli atteggiamenti di una persona e anche quelli del gruppo che la circondano per avere maggiori probabilità di successo.

Parlando della realtà lavorativa, per garantire una maggiore possibilità di successo, occorre estendere la formazione all'intera azienda, per modificarne le abitudini, la cultura aziendale, e renderla così pronta ad accogliere al suo interno persone motivate a cambiare.

Ma come fare a motivare le persone?

Le strategie sono sostanzialmente due:

- Costringere le persone a cambiare introducendo e facendo rispettare norme e regolamenti *ad hoc*;
- Far sperimentare alla persona dei vissuti che la portino a vedere il cambiamento come qualcosa di utile per sé.

Se ci pensate bene entrambi producono dei motivi a cambiare (motivazioni).

L'applicazione e l'adeguamento dei comportamenti a nuove regole comuni promuove una modifica delle abitudini senza necessariamente intaccare le mie convinzioni personali in merito. Ormai nei locali pubblici non si può più fumare, ma ciò non toglie che molte persone continuino a farlo anche se ciò potenzialmente nuoce alla loro salute.

D'altra parte, facendo sperimentare alla persona dei vissuti che le facciano percepire concretamente il bene che può ricevere da un suo cambiamento, si facilita una modifica della sua mentalità, facilitandola a sviluppare una serie di comportamenti e atteggiamenti nuovi che la persona integrerà nel proprio modo di vivere modificando il proprio stile di vita.

Nel primo caso si produce una motivazione in qualche modo "esogena", esterna; nel secondo una "endogena", interna.

La formazione si occupa di produrre motivazioni endogene avendo cura che vengano supportate da adeguate motivazioni esogene. Sostanzialmente la formazione promuove il cambiamento delle persone, stimolando l'azienda a creare e/o applicare nuove regole per sostenere e accogliere il cambiamento messo in atto.

Mentalità nuove significa nuovi modi di fare le cose e nuove informazioni da acquisire, quindi la formazione deve essere accompagnata da sessioni informative e addestrative che facilitino un cambiamento nello stile di vita o di lavoro.

Anche in questo caso occorrerà ripetere la formazione più volte per facilitare i partecipanti ad aggiustare il tiro, verificarne la resa sul campo, e accompagnare il tutto con una spinta a livello della dirigenza che deve farsi testimone, attrice, esempio e promotrice di una modifica dello stile di lavoro di tutti.

La professionalità richiesta a chi fa formazione è la conoscenza approfondita delle tematiche e delle modalità necessarie per promuovere il cambiamento nelle persone, ovvero di tutto quello scibile connesso alle materie umanistiche come la sociologia e la psicologia. Servono di fatto professionisti del cambiamento, persone che sanno cosa e come fare per facilitare le persone a cambiare.

Volendo restringere il campo, tenendo conto delle diversità dei titoli di studi, occorrono degli psicologi e, in casi particolarmente delicati, degli psicoterapeuti. Questi ultimi infatti (se esercitano) dedicano la propria vita ad aiutare le persone a cambiare, e potrebbero quindi essere le professionalità migliori, supportate ovviamente da altri professionisti che avrebbero il compito di informare e addestrare il personale al fine di facilitarli nel cambiamento.

Volendo fare un esempio pratico, sull'introduzione di nuove procedure di sicurezza all'interno di un'azienda, occorrerebbero degli psicologi per facilitare l'adozione di mentalità nuove, supportati da ingegneri, legali e lavoratori del campo che passerebbero le necessarie informazioni e competenze pratiche per promuoverne il cambiamento attivo. Tutto questo dovrebbe essere fatto a più riprese, con monitoraggi e supporti sul campo, con la dirigenza e rappresentanti dei lavoratori in prima linea a promuovere e a essere primi attori del cambiamento.

Questo a mio avviso è una formazione, un complesso e articolato intervento per promuovere un miglioramento duraturo, sostanziale e utile all'interno dell'azienda nel più breve tempo e con le minori spese possibili.

Spesso invece, a parte la grande confusione che viene fatta fra informazione, addestramento e formazione, gli interventi sono spesso disarticolati, casuali, isolati e nella maggior parte dei casi non supportati da una modifica della cultura aziendale.

Senza contare che spesso vengono impiegati come facilitatori del cambiamento persone che per mestiere non cambiano la mentalità della gente ma i loro comportamenti, con conseguenze spesso frustranti sia per chi insegna e sia per chi partecipa.

Conclusioni

La formazione, l'addestramento e l'informazione, non sono lavori che possono essere svolti da chiunque, e per ottenere risultati efficaci e duraturi hanno bisogno del rispetto di regole e condizioni precise.

Il mancato rispetto di queste regole, o l'utilizzo di persone non adeguatamente preparate e competenti, ne riduce l'efficacia sostanziale e ne limita le potenzialità.

Senso di colpa

Strumento per migliorare la propria dirittura morale od ostacolo alla propria autoaffermazione?

Non so bene chi e non mi ricordo bene quando, ma a un certo punto della mia esistenza qualcuno mi insegnò a dare valore al senso di colpa, come strumento essenziale per distinguere fra ciò che era giusto e ciò che non lo era, e ad agire in funzione di esso per incanalare le mie azioni in un percorso virtuoso.

Per dirla con parole povere (e quindi chiare), se mi sentivo in colpa per aver fatto qualcosa significava che avevo sbagliato e che dovevo correggere l'errore, altrimenti: "Tutto bene", continua pure così.

Crescendo, la sicurezza in questo sillogismo Aristotelico fra senso di colpa e errore comportamentale cominciò a incrinarsi, anche perché scoprii che il senso di colpa era utile soprattutto per le mie figure di riferimento (genitori, maestri, amici e conoscenti), che avevano uno strumento per farmi fare quello che volevano loro, e che spesso queste medesime figure mi alimentavano dei sensi di colpa che loro non avevano.

Inoltre, allargando le mie conoscenze, scoprii che i sensi di colpa non erano (come mi avevano attentamente spiegato) degli strumenti di guida universali, ma variavano da famiglia a famiglia, da cultura a cultura.

Pensate al mio stupore (che era notevole) quando durante un viaggio in Etiopia scoprii che le donne di una tribù – che professavano la religione musulmana – non provavano nessun senso di colpa nel girare fieramente a seno scoperto, scortate dai propri uomini eretti e orgogliosi.

Ma, senza andare troppo lontano, mi stupii quando scoprii che c'erano persone che non provavano sensi di colpa quando arrivavano tranquillamente in ritardo, non andavano a messa alla Domenica, anche se si professavano credenti, o rispondevano con un "no" a una richiesta fattagli da un collega o da un amico, ecc.

Queste esperienze mi fecero riflettere e arrivai alla conclusione che esistono dei sensi di colpa "giusti" e altri "sbagliati": era giusto avere un senso di colpa quando arrivo in ritardo per comprendere il disagio dell'altro che mi aspetta e farci qualcosa; non era giusto sentire un senso di colpa quando dico "no".

E così, diligentemente, cominciai a seguire questo intendimento… ma c'era ancora qualcosa che non andava.

Il senso di colpa è un atteggiamento… sano?

La domanda più precisamente è la seguente: il senso di colpa è un atteggiamento funzionale ed economico per consentire all'individuo di affermare se stesso all'interno della società in cui vive? Se potessimo cancellare il senso di colpa di un individuo, sarebbe una persona più forte o più debole; privo dei sensi di colpa potrebbe uccidere qualcuno, commettere quindi un delitto efferato oppure no; e ancora un individuo privato del senso di colpa spenderebbe meno energie e potrebbe impiegarle per qualcosa di più funzionale oppure sarebbe costretto ad adottare strategie più dispensive e faticose?

Occorre a questo punto specificare che cosa intendo per senso di colpa e distinguerlo nettamente dall'esperienza delle emozioni primarie, come il dolore o il dispiacere (di aver fatto male o ferito qualcuno) che a volte vengono confuse con esso.

Il senso di colpa

Senso di colpa, ovvero percepire di essere "colpevole" – e quindi punibile – di qualche atto valutato come contrario alla morale comune. Spesso al senso di colpa si associa il timore di poter essere punito per l'atto commesso, in quanto si è implicitamente trasgredito a una regola o legge privata o sociale.

Privata, se appartiene a un codice d'onore o di comportamento esclusivamente personale; sociale, se appartiene a un codice d'onore o di comportamento condiviso all'interno di una realtà sociale più o meno estesa.

In quest'ottica, il senso di colpa è di fatto un atteggiamento appreso, costruito, nella maggior parte dei casi all'interno della famiglia di origine per regolamentare il comportamento del bambino, sanzionando gli atteggiamenti valutati "negativi" con punizione fisiche (lo scappellotto, a letto senza cena, ecc.) e/o psicologiche (mamma non ti vuole bene quando ti comporti così, sei cattivo, ecc.).

Niente di così terribile – anche se occorrerebbe approfondire su quanto e in che misura sia realmente funzionale agli obiettivi dei genitori, ma sarà tema di discussione all'interno di un altro articolo – se non fosse che spesso, senza accorgesene, una persona può introiettare così bene i sensi di colpa nell'età adulta, tanto da inficiare e in casi estremi annullare il proprio libero arbitrio che dovrebbe consentire a ognuno di noi, in base alla nostra sensibilità e coscienza personale, di distinguere fra ciò che sentiamo "giusto" e ciò che sentiamo come "sbagliato", piuttosto che fare affidamento su meccanismi di risposta automatici — è sbagliato perché mi viene il senso di colpa che mi hanno passato i genitori a casa o i maestri a scuola – impiantatici da altre persone nel lungo periodo della nostra infanzia.

Di fatto il senso di colpa lavora, in ultima analisi, sulla nostra paura di essere puniti – perché lo siamo stati in passato e perché potremmo esserlo tuttora – e non sulla convinzione sviluppata e maturata in età adulta, su ciò che riteniamo giusto fare nel rispetto pieno di noi stessi e del nostro personalissimo modo di essere.

Il senso di colpa inoltre è un meccanismo che spesso opera per non dispiacere, ferire, far male agli altri attraverso la sofferenza e il sacrificio personale, secondo un criterio che suona approssimativamente in questo modo "è preferibile che soffra io piuttosto che gli altri", spingendo implicitamente la persona a valutare "migliori" gli altri di se stessa, con il rischio di veder sminuita la propria autostima.

Tenendo conto inoltre che il senso di colpa, così come l'ho descritto, è caratterizzato da una paura spesso esagerata e non basata sulla realtà concreta ma una convinzione sviluppatasi durante tutta l'infanzia, potrebbe essere quasi vista come una fobia, e quindi certo non un atteggiamento molto sano o funzionale.

Le Emozioni

Viceversa le emozioni non sono apprese, sono un bagaglio innato del-l'essere umano, ed hanno l'importante funzione di aiutare la persona che le esperisce ad avere un contatto funzionale e fruttifero con la realtà che la circonda.

Provare dolore ci aiuta a comprendere ciò che ci fa male e ci nuoce per allontanarcene, la gioia ci consente di distinguere una evento per noi positivo, stimolandoci a replicarlo.

Le emozioni sono anche un forte strumento di regolatore sociale: sentire la rabbia, il dolore o la gioia di qualcuno ci fa allertare, sintonizzare con l'altro, suggerendoci una linea di azione, per esempio allontanarci o fare attenzione a non provocare colui che è arrabbiato, preoccuparci e quindi aiutare colui che prova dolore, partecipare della gioia dell'altro.

La seconda differenza fra emozioni e senso di colpa è che le emozioni sono funzionali a produrre un risultato positivo per noi stessi, il senso di colpa è un qualcosa di costruito per il benessere altrui.

A questo punto qualcuno potrebbe dire che le emozioni sono "egoiste" e quindi negative, mentre i sensi di colpa sono "altruisti" e di conseguenza buoni.

Ma questo è un classico costrutto da senso di colpa. In realtà le emozioni hanno una funzione sia egoista che altruista, mentre il senso di colpa è sbilanciato verso gli altri a discapito di sé.

L'essere umano è infatti un "animale sociale", costruito quindi per vivere in branco, e le emozioni condividono questo scopo.

Un padre (o una madre) possono amare se stessi ma anche il proprio figlio, un amico, un parente, ecc. Possono provare odio, dolore, preoccupazione, sofferenza, gioia per sé e per gli altri, il sé non esclude l'altro, ma in qualche modo si completa con l'altro.

La terza differenza fra emozioni e senso di colpa è che l'emozione motiva all'azione, il senso di colpa inibisce l'azione spingendo piuttosto alla reiterazione.

L'emozione crea un bisogno da soddisfare, il senso di colpa una punizione da evitare; l'emozione un disagio da superare, il senso di colpa un disagio da sopportare; l'emozione una spinta a migliorare, il senso di colpa un ostacolo da non superare; l'emozione una speranza, il senso di colpa una condanna.

Pensate alla differenza di una persona che accetta di sacrificarsi per un amico per la gioia di farlo, rispetto a una altra che lo fa per non sentirsi in colpa.

Pensate alla stessa persona che un giorno decide, con dispiacere, di non sacrificarsi per quello stesso amico perché si sente stanca e lo confessa all'altro nella speranza di essere compresa, rispetto a un altra che continua a sacrificarsi perché il suo senso di colpa le impedisce di fare altrimenti.

La prima è un essere libero, la seconda no.

Conclusione

Personalmente non vedo il senso di colpa come il miglior strumento per regolare la propria esistenza, anche se a volte può essere l'unico che abbiamo e quindi funzionale al nostro vivere quotidiano.

Ma esistono anche le emozioni, e anche se può essere un compito difficile, a ognuno di noi la scelta di decidere quale delle due strade, nei diversi contesti, sarebbe meglio imparare a utilizzare.

Il rigido, inflessibile ma spesso rassicurante e conosciuto senso di colpa, o le mutevoli, travolgenti, a volte spaventevoli ma ricche e fragranti emozioni.

Le bugie: sporche menzogne o strumenti di protezione?

Molte persone, influenzate dal telefilm "Lie to me" in programmazione su Sky, mi chiedono quanto sia vero quanto esposto nel telefilm (il protagonista è uno studioso che in maniera scientificamente inoppugnabile riesce sempre a capire quando le persone stiano mentendo o quando stiano dicendo la verità) e, di conseguenza, quanto possa essere importante "scoprire" le menzogne durante una psicoterapia.

Le domande più gettonate sono rispettivamente:

- Quanto è importante capire quando una persona mente per aiutarla efficacemente a risolvere il proprio problema?
- Quanto può essere importante "smascherare" la persona che sta mentendo per farle capire l'importanza di affrontare costruttivamente e senza ipocrisie le proprie difficoltà?
- Quanto è importante affinare le proprie doti per identificare e comprendere quando una persona mente?

In realtà la mia risposta ha lasciato sbalordita più di una persona, e quindi ho ritenuto interessante esporla anche nel nostro notiziario.

Mente o non mente?

Il problema è che a me, e alla maggior parte dei terapeuti, non interessa minimamente sapere se una persona menta oppure no. O meglio, sapere se una persona racconta un mucchio di balle in terapia può essere utile a fini diagnostici (per definire il tipo di disturbo che la persona presenta) ma non ha praticamente alcuna utilità a fini terapeutici (ovvero per facilitarne la guarigione).

Smascherare una persona che mente può addirittura essere un danno enorme per il processo terapeutico, in quanto la persona può offendersi, sentirsi scoperta e ferita, per l'intrusione inappropriata da parte del terapeuta.

La terapia infatti è, prima di ogni cosa, un rapporto basato sul profondo rispetto dell'altro, in cui il terapeuta ha l'obbligo morale di non utilizzare la propria posizione professionale per obbligare il cliente a scoprirsi più di quanto lui abbia intenzione di fare.

In questo senso qualunque domanda e atteggiamento teso a indagare in parti che il cliente vuole nascondere o proteggere tramite una lecita menzogna, può essere profondamente disfunzionale al processo terapeutico.

Secondo quest'ottica la bugia non è da vedere come un ostacolo alla terapia o un gesto amorale o illecito da parte del cliente, ma una protezione, una difesa, che la persona sta attivando per proteggere una parte di sé che con ogni probabilità valuta come sensibile, delicata o "pericolosa" da esporre ad altri e a se stessa.

Faccio un esempio.

Ammettiamo che una persona venga in terapia per risolvere un problema con un proprio familiare, diciamo un genitore. La persona sostiene che il genitore le impedisce di studiare in quanto la costringe a fare commissioni, lavori, attività che le tolgono tempo allo studio. Le poche volte che ha tentato di affrontare il problema si è sentita rispondere che il suo primo dovere è verso la famiglia e soltanto dopo per se stessa. Non sa come uscire da tale situazione.

Apparentemente la situazione è chiara e semplice, ma in realtà potrebbe non esserlo. Proviamo ad affrontarla con due mentalità diverse: quella da terapeuta indagatore e quella da terapeuta accettante.

Terapeuta indagatore (T.I.)

Il T.I., proprio perché vede come suo compito indagare sulla veridicità dei fatti prima di iniziare la terapia, potrebbe tentare di avere dei riscontri obiettivi con tre strumenti fondamentali:

- Fare domande a trabocchetto: né più né meno come un bravo investigatore;
- Chiedere un confronto con il genitore coinvolto: per vedere chi la racconta giusta;

- Chiedere di poter passare un po' di tempo a osservare la dinamica della famiglia "in loco", ovvero passare un po' di tempo osservandoli nella loro quotidianità.

Ora, a prescindere dalla fattibilità o meno di queste tre tecniche, non avrà mai la certezza che i risultati delle sue ricerche rispecchieranno LA verità. L'unico risultato certo è che alla fine avrà inasprito la situazione familiare, sarà entrato in dinamica (ovvero avrà quasi sicuramente perso la sua obiettività professionale, in quanto alla fine avrà preso le parti di qualcuno), e probabilmente avrà incrinato il rapporto di fiducia con il suo cliente (avrà comunque messo in dubbio la sua parola nel tentativo di capire se diceva o meno la verità sulle questioni trattate) rischiando di ferirlo o di offenderlo.

E tutto questo per cosa? Per togliersi la curiosità se mentiva oppure no? E a che potrebbe servire? Sostanzialmente poco o nulla.

Se infatti scopro che il cliente non ha mentito, ho violato la sua vita privata senza aiutarlo a studiare.

Nel caso che invece avesse mentito, la terapia potrebbe avere un corso diverso? Difficile.

Fare la terapia a una persona non significa fare la morale a quella persona (rimproverandolo per esempio di aver mentito, o dando paterni consigli su come modificare la sua situazione), ma significa aiutare la persona a risolvere il problema: il fatto che lei menta non ha nessuna importanza.

E qui sto facendo l'ipotesi più rosea, ovvero che uno mente e l'altro dica la verità: ma quando mai è così?!

Con ogni probabilità il cliente sta mentendo su alcune cose e i genitori, se interpellati o osservati, mentirebbero su altre. Senza contare che probabilmente tutti in parte mentono anche a loro stessi.

Insomma il buon terapeuta indagatore si troverebbe ad avere a che fare con una realtà che gli si complica di giorno in giorno senza riuscire a fare un passo sostanziale per aiutare la persona a fare ciò che vuole: fare ciò che vuole, non necessariamente studiare.

Infatti non è detto che la reale necessità del cliente sia di ricominciare a studiare. Questo potrebbe essere una falsa convinzione, un'idea che a lungo andare potrebbe essere confutata nel corso della terapia, per arrivare a scoprire che in realtà non vuole assolutamente studiare ma svolgere un'attività molto più piacevole anche se invisa ai genitori. Chissà? Ed è proprio questo il punto: nessuno può sapere dove porterà una terapia, quindi perché affannarsi a capire se la persona mente oppure no?

Terapeuta Accettante (T.A.)

Il T.A. prenderà automaticamente per buone le parole del cliente, ovvero sarà convinto che il cliente crede in quello che dice: attenzione, CREDE A QUELLO CHE GLI STA DICENDO. Non che sia la verità.

Sostanzialmente dà fiducia al cliente, lo ascolta, cerca di comprendere i suoi problemi comunicando un atteggiamento di profonda stima e rispetto.

È questa fiducia che gli potrà consentire in seguito di confrontarsi con le idee del cliente ed eventualmente chiedere chiarimenti quando vedrà un'incongruenza nel suo racconto.

È grazie a questa stima che forse il cliente a un certo punto troverà la forza di ammettere i suoi errori, ed eventualmente anche le sue bugie, per costruire un percorso e un modo di vivere nuovo e maggiormente appagante.

Ma potrebbe anche non confidarsi fino in fondo, e decidere comunque nella vita di tutti i giorni di modificare il proprio atteggiamento e i propri comportamenti per migliorare la propria esistenza.

Ovvero: a me non interessa sapere la verità, a me interessa aiutare la persona a modificare i propri punti di vista e modi di fare affinché riesca a soddisfare al meglio i propri bisogni personali, al fine di vivere una vita maggiormente "piena" e appagante.

Se in questo percorso la persona vuole raccontare i fatti così come sono, bene; se li vuole modificare un po' per paura di fare brutta figura, bene; se vuole stravolgere i fatti, bene.

Il rischio di colludere con il cliente

Il rischio del T.A. è di affidarsi totalmente alle parole del cliente piuttosto che alla propria professionalità. Ovvero dare per scontato che il cliente non possa mentire (anche a se stesso) e credere a tutto ciò che il cliente dice.

Questo atteggiamento potrebbe fargli perdere obiettività, e quindi renderlo meno efficace nel tentare di aiutare il cliente a vedere con maggiore chiarezza la propria realtà e ad affrontarla con rinnovata efficacia.

Uno dei compiti del terapeuta infatti, è quello di aiutare la persona a chiarirsi le idee, e a vedere il problema e le dinamiche della sua vita da punti di vista diversi dai suoi. Il terapeuta ha l'obbligo quindi di fornire al suo cliente punti di vista alternativi, possibilità di lettura della realtà diverse, magari anche porre la domanda se in alcuni casi non vi possa essere il rischio che il cliente si stia "prendendo in giro da solo" su alcune questioni.

Il confronto, ovvero la possibilità di mettere a paragone idee, punti vista, modalità di azione, opportunità diverse, è essenziale per consentire alla persona di aprire la sua mente, la sua percezione e la sua vita a nuove opportunità e possibilità di scelta.

Spesso capita di sentire dire da una persona che da un certo punto in poi ha avuto la sensazione di uscire da un tunnel (dove esisteva una e una sola via percorribile) per trovarsi in aperta campagna, dove aveva la possibilità di andare dove voleva.

Molte volte sono le stesse persone che ammettono di aver ingannato se stesse e gli altri per molto tempo, senza riuscire a farne a meno, nel tentativo di proteggersi e di evitare il doloroso confronto con i propri problemi e con le proprie aspirazioni personali.

E tutto questo avviene non tanto smascherando le bugie, ma concedendo alle persone tempo, strumenti e fiducia per consentire loro di acquisire abbastanza forza da trovare autonomamente la verità, e consentirle di avere un maggiore contatto con la propria realtà personale e sociale.

Conclusioni

In un mondo minaccioso e nevrotico, mi sembra il minimo che si sviluppino delle strategie basate sulle bugie e sull'autoinganno per sopravvivere al quotidiano. Alla lunga queste bugie però possono allontanarci dalle nostre esigenze più "vere" e importanti per la nostra autorealizzazione.

Compito del terapeuta è facilitare le persone a trovare la strada per ricontattare il proprio "vero" sé, confrontandosi con i propri problemi e con la propria difficoltà ad accettare se stesse e la realtà che le circonda.

Se riesce a fare questo, le bugie non avranno più senso di esistere, e saranno una parte di quei problemi e di quelle strategie inefficaci che il cliente risolverà al fine di stare meglio.

Omosessualità e malattia

L'omosessuale è una persona malata? Beh, qui ci sono pochi dubbi a proposito: sicuramente no. Di fatto il concetto di malattia, psicologicamente parlando, non esiste. O per meglio dire, il concetto di malattia mentale intesa come "pazzia", come una sorta di virulenza che si è impossessata di una persona rendendola anomala, strana, per certi versi contaminante per le persone "normali" non esiste più (anche se tutt'oggi molte persone, alcune purtroppo anche professionisti di scienze sociali e mediche, tendono ancora a vederla in questo modo).

Una colpa, un virus, un qualcosa di negativo da isolare, estinguere, eliminare prima che possa colpire altri: niente di più falso e anacronistico.

Tecnicamente parlando non si parla più di malattia ma di "disturbo", che ha una accezione specifica e certo non negativa riguardo alla persona che ne può essere affetta.

Volendo riportare alla lettera ciò che dice il DSM - IV - TR, ovvero il manuale che a livello internazionale, viene utilizzato dai professionisti del settore (medici, psichiatri, psicologi) per diagnosticare i possibili disturbi che possono affliggere le persone, si legge:

> ... ogni disturbo mentale è concettualizzato come una sindrome o un modello comportamentale o psicologico clinicamente significativo, che si presenta in un individuo... ed è associato a un disagio... a disabilità... a un aumento significativo del rischio di morte, di dolore o di disabilità, o a un'importante limitazione della libertà... Qualunque sia la causa, esso deve essere al momento considerato la manifestazione di una disfunzione comportamentale, psicologica o biologica dell'individuo. Non rappresentano disturbi mentali un comportamento deviante (es. politico, religioso o sessuale), né conflitti sorti principalmente tra

l'individuo e la società, a meno che la devianza o il conflitto siano il sintomo di una disfunzione dell'individuo, come descritto sopra. (Introduzione, pag. 9)

Per dirla in parole povere, una persona non può essere considerata disturbata mentalmente se ha un atteggiamento politico diverso dal nostro, se ha gusti sessuali alternativi a quelli comunemente messi in atto dalla propria società di appartenenza o se professa una religione che non è la nostra. Una persona ha un disturbo se tale disturbo sta procurando dei danni o dei rischi di natura personale o sociale alla persona stessa.

Ma non solo, continuando a leggere si evince che è di fatto la persona l'unica in grado di "decidere" se ha un disturbo oppure no.

Pensate a quelle persone che per motivi religiosi si sottopongono a delle punizioni corporali o ad altre che in nome di determinati ideali sono pronti a sacrificare la propria vita per essi.

Sono persone disturbate mentalmente? "Tecnicamente" no: fino a quando sono soddisfatti di quello che stanno facendo e si sentono autorealizzati in questo, non possono essere considerati mentalmente disturbati da un punto di vista strettamente professionale. Poi ovviamente ognuno ha la propria opinione in merito, ma questo è un'altro paio di maniche. Tanto più che il professionista nella sua analisi deve necessariamente tener conto delle differenze culturali.

Per farla breve una persona normale appartenente a una nazione europea, potrebbe essere vista come disturbata da una cultura diversa dalla nostra e viceversa.

Ma tornando alla domanda cardine: ok, abbiamo visto che gli omosessuali non sono malati, ma allora, potrebbero essere riconosciuti come potenziali disturbati mentali?

Gli omosessuali potrebbe essere affetti da un disturbo mentale?

Nì, ovvero non sempre.

Volendo cercare si trova un solo disturbo che potrebbe coinvolgere specificatamente la popolazione omosessuale, quello definito come "Disturbo dell'identità di genere".

Leggendo a pag. 621 e concentrandosi sui criteri diagnostici, si legge:

Negli adolescenti e negli adulti, l'anomalia si manifesta con sintomi come desiderio dichiarato di essere dell'altro sesso, desiderio di vivere o di essere trattato come un membro dell'altro sesso, oppure avere sentimenti e reazioni tipici dell'altro sesso. [E ancora:] L'anomalia causa disagio clinicamente significativo o compromissione dell'area sociale, lavorativa, o di altre aree importanti del funzionamento.

Ovvero per il DSM - IV un eventuale disturbo potrebbe essere rilevato soltanto in caso che una persona abbia difficoltà a riconoscersi nel proprio sesso, NON se è attratto da persone dello stesso sesso.

Ma a questo punto occorre fare un ulteriore inciso: se una persona adulta, affetta da un disturbo dell'identità di genere, decidesse di andare in terapia, quale potrebbe essere l'obiettivo terapeutico?

Obiettivo terapeutico: scegli liberamente la tua identità

Il nodo è proprio questo. Alcune persone potrebbero presumere che l'obiettivo del terapeuta sia quello di "correggere" l'errore, ovvero riportare la persona sulla strada "giusta". In realtà l'obiettivo del terapeuta è quello di facilitare la persona a comprendere cosa vuole veramente e a non soffrire più, a stare bene con se stessa. Perché, è importante ribadirlo, essere disturbati significa provare una sofferenza. Guarire dal disturbo significa non soltanto smettere di soffrire ma anche trovare la propria felicità, il proprio benessere.

Il terapeuta quindi punterà a quest'obiettivo, questo solo è importante: che la persona stia bene.

Se la persona ritroverà questo suo bene nella piena identificazione nel proprio sesso di appartenenza, bene. Se invece lo vorrà trovare identificandosi nel sesso opposto, accettando le difficoltà imposte dalla realtà dei fatti, bene. In questo senso potrebbe addirittura decidere di sottoporsi a un intervento chirurgico per modificare il proprio sesso. Non sta al terapeuta giudicare il suo operato, ma solo facilitarlo nel fare la scelta migliore per sé.

Un buon terapeuta non vuole cambiare la persona per adattarla a un suo ideale di vita, desidera semplicemente facilitarla nello scegliere la migliore vita per sé, anche se personalmente può non condividere minimamente le sue scelte.

Ma allora, gli omosessuali sono persone sane?

Omosessuale = sano?

Questa è davvero una domanda da due milioni di dollari. Chiariamoci prima di tutto il concetto di sanità altrimenti il rischio è di non uscirne vivi...

Proviamo a ragionare su tre diversi modelli concettuali per definire tre diverse tipologie di "sanità":

- *Genetico*: è sano tutto ciò che rispecchia una caratteristica genetica non disfunzionale per l'organismo. Avere gli occhi marroni piuttosto che blu non compromette certo la vista, diverso sarebbe nascere senza braccia e gambe. Il problema è che allo stato attuale non possiamo dire che l'omosessualità dipenda da una caratteristica genetica, quindi non possiamo rispondere in maniera soddisfacente a tale domanda.

- *Percettivo*: è sano tutto ciò che vivo e percepisco come funzionale e appagante per la mia esistenza. È, in maniera riduttiva, il modello sposato dal DSM - IV. Se un omosessuale sta bene con se stesso e con gli altri può definirsi sano, altrimenti no.

- *Clinico*: è sano tutto ciò che coincide con la mia identità profonda, con il mio "Sé Reale". Non è sano tutto ciò che acquisisco e che metto in opera per rispondere a equilibri esterni che mi portano ad allontanarmi dalla mia "vera" identità. In questo senso un omosessuale potrebbe avere sviluppato un atteggiamento che inconsapevolmente lo ha portato lontano dalla propria identità, e in quest'ottica può essere considerato affetto da un disturbo che inconsapevolmente lo porta ad allontanarsi dal suo vero io.

Ovviamente vedere il problema in quest'ultima maniera, apre orizzonti quantomeno interessanti...

Ma allora l'omosessuale potrebbe essere disturbato?!

Ovviamente sì, alla stregua di qualunque altra persona su questa terra, nessuno escluso. Di fatto potrebbe essere disturbato un ingegnere che avrebbe voluto fare il pittore, una madre di famiglia che avrebbe voluto sposare un altro uomo, un bambino che gioca a calcio quando vorrebbe dedicare il suo tempo alla pallavolo, ecc.

Ovvero non serve essere omosessuale per vivere una vita lontana dai propri bisogni personali.

Ma torniamo agli omosessuali che adesso viene il pezzo interessante. Tecnicamente ormai non si parla più di un disturbo "individuale", ovvero non si vede più l'individuo come persona disturbata ma appartenente a una "famiglia disturbata".

Secondo la teoria sistemica, se con una certa sicurezza possiamo definire una persona disturbata (cosa non certo così facile) quel disturbo sarà con tutta probabilità stato sviluppato nella famiglia di origine.

Secondo tale teoria, se siamo sicuri che una persona soffra di un disturbo legato alla sua omosessualità, e quindi se in questo specifico contesto scopriamo che l'omosessualità è un evidente sintomo del suo disturbo, dobbiamo evincere che la famiglia inconsapevolmente ha favorito in questa persona un simile atteggiamento.

Ovvero, la famiglia è disturbata quanto l'individuo che ha un problema legato alla sua omosessualità.

Tale ragionamento vale ovviamente per qualunque disturbo. Non si parla più quindi di persona depressa, schizofrenica, ansiosa, ecc. ma bensì di FAMIGLIA depressa, schizofrenica, ansiosa, ecc.

Ovvero il contesto familiare, senza volerlo e in maniera del tutto inconsapevole, all'interno dei suoi equilibri crea i presupposti che un simile disturbo possa manifestarsi all'interno di uno dei suoi membri.

In quest'ottica decadono molte delle polemiche che girano non solo intorno all'omosessualità ma anche intorno a persone che soffrono di disturbi e che spesso vengono colpevolizzate o stigmatizzate in maniera irrispettosa e poco sana.

In quest'ottica, ovviamente, l'omosessualità non va difesa a spada tratta come una caratteristica individuale da proteggere a tutti costi, ma andrebbe compresa, accolta, accettata ed eventualmente analizzata per vedere se corrisponde a un vissuto profondo della persona (e come tale tutelata da ingerenze esterne) o se invece è il prodotto di un malessere che ha costretto la persona ad allontanarsi dal proprio vero sé.

Conclusione

Questo articolo a dir la verità parla di persone, non di omosessuali. L'omosessualità è stato un pretesto per sottolineare che ognuno di noi può essere "malato" senza rendersene minimamente conto. Nessuno è immune alla nevrosi, ovvero a trattare la nostra parte più vera, forse non completamente scoperta, come una parte anomala, diversa, pericolosa.

Avere coscienza di questo, può forse darci una mano a ritrovarci, se per qualche disgrazia nel tempo ci fossimo un po' persi...

L'augurio è quindi di guarire, per riuscire a interpretare al meglio noi stessi, qualunque cosa ciò possa significare per ognuno di noi.

La disciplina della guarigione

Spontaneità o disciplina?

Nella mia esperienza la spontaneità viene generalmente vista come un tratto positivo della persona, da difendere e da salvaguardare a tutti i costi.

Mi sembra anche di percepire le persone utilizzare la spontaneità come una sorta di linea guida da seguire per fare la cosa "giusta": come dire, se non sai che fare in una situazione sii spontaneo.

Proprio perché a mio avviso la spontaneità viene molte volte vista come la parte fanciullesca, vera, e quindi sana della persona che la esprime.

Questo ragionamento dà in qualche modo per scontato che essere spontanei significa essere autentici, ma tecnicamente parlando non è affatto così. Anzi addirittura la spontaneità potrebbe rappresentare la parte meno autentica di noi stessi, in quanto potrebbe essere espressione del nostro lato nevrotico piuttosto che di quello sano. Cerchiamo di fare un po' di chiarezza...

Il concetto di nevrosi

Il concetto di nevrosi parte dall'idea che durante l'infanzia e l'adolescenza ognuno di noi può allontanarsi dal proprio sé più autentico per le pressioni, più o meno forti, che riceviamo dal mondo esterno (famiglia di origine e società).

Sostanzialmente tanto più le nostre figure di riferimento faranno "pressione" per convincerci a cambiare il nostro modo di vedere / sentire / affrontare le situazioni per essere "allineati" con il contesto di riferimento, tanto più nel corso degli anni ognuno di noi comincerà a sentire "sbagliato" tutto ciò che è legato al nostro modo naturale di sentire e "giusto" tutto ciò che è adeguato al contesto.

Sottolineo il concetto di "pressione" in quanto gli interpreti del cosiddetto mondo esterno tentano, anziché per esempio accettare pur non condividendo, di etichettare come erroneo e sbagliato qualunque comportamento che non sia in sintonia con il loro modo di vedere le cose, costringendo di fatto il bambino a cambiare il proprio modo di fare a tutti i costi se vuole essere accettato all'interno del proprio contesto (familiare, scolastico, ecc.).

Ma facciamo qualche esempio pratico, da quello più semplice a quello un po' più articolato.

Lo starnuto

Un bambino piccolo ha l'abitudine di starnutire "liberamente". Se lasciassimo crescere il bambino senza educazione probabilmente da grande continuerebbe a starnutire senza porre la mano davanti alla bocca[1]. A un certo punto una figura di riferimento (nonno, padre, madre, insegnante) interverrà "costringendo" il bambino ad abituarsi a porre la mano davanti quando starnuta. Da grande il bambino "spontaneamente" utilizzerà questo comportamento quando starnuterà. La sua "spontaneità" non è autentica ma appresa, ed è ormai diventata un'abitudine difficile da togliere[2] (provate la prossima volta che state a tavola a starnutire senza mettere la mano di fronte alla bocca: se siete abituati a farlo vi richiederà almeno un minimo grado di concentrazione).

Proviamo ora con il secondo esempio a complicarci un po' più la vita.

La rabbia

Di norma un bambino piccolo se è infastidito da qualcosa, piange o si arrabbia.

Ammettiamo che a un certo punto della sua esistenza i genitori gli comincino a dire che non si deve arrabbiare. Ci sono tanti modi, anche

---

[1] Ma in realtà non è così scontato come potrebbe sembrare. Al terzo starnuto fatto in faccia a un compagno di scuola, probabilmente troverebbe delle soluzioni per evitargli il fastidio.

[2] L'esempio riportato non vuole aprire una discussione sul fatto se sia giusta o meno l'abitudine di starnutire ponendo la mano davanti alla bocca, ma soltanto chiarire la differenza fra spontaneità e autenticità.

subdoli per farlo. La forma più diretta è rimproverare il bambino che si arrabbia, magari utilizzando anche la frase: «Bambino cattivo che urla e strilla a mamma!». Se non funziona l'ipotetico genitore potrebbe anche minacciarlo con una frase del tipo: «Se continui a urlare mamma/papà non ti porteranno al prato oggi!» e potrebbe anche arricchirlo con una frase intesa, forse involontariamente, a scaricare la responsabilità della decisione solo sul bambino: «È solo colpa tua se non andiamo al parco oggi!». In casi particolari i genitori possono utilizzare una frase molto manipolativa e subdola del tipo: «I tuoi urli hanno fatto soffrire papà, cattivo!». Inoltre se il genitore dirà una qualsiasi di queste frasi al bambino arrabbiandosi con lui, fornirà un esempio di doppio messaggio, particolarmente destruente[3], se reiterato, per l'equilibrio mentale del piccolo.

Se questo tipo di messaggio (la rabbia è negativa) verrà costantemente fornita dai genitori, potrebbe produrre nel bambino una difficoltà ad avere un buon "rapporto" con essa. Per esempio il bambino potrebbe diventare introverso, ipercontrollato, con grosse difficoltà a difendersi dai torti subiti e a manifestare emotivamente il proprio disappunto in situazioni problematiche. Inoltre, vedendo la rabbia come una sorta di "nemica" potrebbe avere maggiori difficoltà a distinguere fra amici e nemici, in quanto potrebbe ridurre la valenza (riducendo il valore della rabbia provata) dei torti subiti, arrivando in alcuni casi (potendosi sentire in colpa della rabbia che ha provato verso determinate persone che sono state offensive con lui) anche a trattare meglio i nemici che gli amici.

Il bello è che questa persona penserà di comportarsi in maniera totalmente spontanea quando si costringerà a non arrabbiarsi, e quindi tenterà costantemente di non farlo anche se ne avrebbe voglia. La seconda conseguenza è che tenderà a vedere la sua rabbia come una sua parte malata, negativa, da tenere sotto controllo e da eliminare il più possibile[4].

---

[3] Doppio messaggio o doppio legame. In parole povere un messaggio comunicativamente contraddittorio. Nel nostro caso, dico al bambino con rabbia che non deve manifestare rabbia.

[4] Aumentando di conseguenza il suo livello di rabbia e di insoddisfazione interna. Il concetto di fondo è che più mi trattengo più carico, più carico più mi arrabbio, più mi

Spontaneità e autenticità a confronto

Credo sia più chiaro il fatto che spesso ciò che viene chiamata spontaneità è qualcosa di appreso nel corso degli anni. In alcuni casi può essere utile e funzionale al nostro vivere in altri, come il controllo eccessivo della rabbia, può generare problematiche e limitazioni future.

Occorre a questo punto aprire una parentesi, perché c'è modo e modo di generare apprendimento e quindi un comportamento spontaneo[5].

Controllo cristallizzato del comportamento

Un esempio di apprendimento negativo è quando alla persona viene in qualche maniera insegnato che un certo modo di fare è giusto a prescindere: come dire, non si può fare altrimenti.

Questo tipo di atteggiamento cristallizza in una certa misura il comportamento appreso rendendo molto più difficile per la persona criticare ed eventualmente modificare il suddetto comportamento in caso di necessità, di fatto togliendo alla persona una delle più grandi conquiste genetiche della razza umana: cambiare per adattarsi all'ambiente.

Se a un bambino viene insegnato che la rabbia è "negativa a prescindere" tenterà di "evitarla a prescindere" dalla situazione che incontra.

Dal controllo cristallizzato alla gestione

Il trucco per evitare questo rischio è semplice: evitare di dare per scontato che un comportamento sia giusto "a priori" e sottolineare quanto l'agire un determinato comportamento possa essere utile (o dannoso) per gli altri e per sé a seconda delle circostanze.

Continuando l'esempio della rabbia, occorre tener presente che la rabbia può per esempio spaventare o infastidire gli altri, e lo spavento potrebbe essere sia utile (se stiamo difendendo un nostro amico o noi

---

arrabbio ancor più mi devo trattenere. Un enorme dispendio di energia conscia e inconscia.

[5] In realtà sarebbe meglio definirlo automatico, in qualche modo "rodato" dall'abitudine a utilizzarlo negli anni. Lascio il termine spontaneo per sottolinearne l'abuso a volte non corretto che ne viene fatto.

stessi da una minaccia) o dannosa (se stiamo scaricando su una persona cara la nostra frustrazione) [6]. Se il genitore ha in mente questa distinzione tenderà a porsi nei confronti del bambino arrabbiato con un atteggiamento più aperto e attento alle eventuali conseguenze di un insegnamento troppo rigido.

Il giudizio sulla qualità della persona

Un'altra possibilità (di apprendimento negativo) che può verificarsi è quando al bambino verrà insegnato, passato il messaggio, che la rabbia è una parte negativa di sé. Ovvero che quando il bambino è arrabbiato è cattivo. Percependola come parte negativa quel bambino eviterà con tutte le forze di arrabbiarsi per non far vedere agli altri quanto è cattivo. Questo è un inganno micidiale in quanto si confonde il comportamento, l'azione effettuata, con una caratteristica intrinseca del bambino.

Il bambino non è cattivo quando si arrabbia: il bambino quando si arrabbia si arrabbia e basta. Dipende poi come utilizza questa rabbia.

Se la utilizza per dare un morso al compagno d'asilo non è cattivo, né sta commettendo un'azione cattiva, sta invece mettendo in atto un'azione dannosa per un suo coetaneo.

Dal giudizio della persona alla valutazione soggettiva del comportamento

In questo caso è fondamentale distinguere il comportamento messo in atto (per esempio rabbia) dal bambino che lo agisce.

Tener presente alcune semplici "regole d'ingaggio" può essere di aiuto per far fronte a questo delicato processo:

- Il bambino non è né buono né cattivo, sta semplicemente esprimendo ciò che sente, e questo è molto positivo.
- Io ho il diritto di sentirmi infastidito o arrabbiato o quant'altro per il comportamento agito dal bambino, e ho il diritto di esprimerlo liberamente (prendendomi la responsabilità delle conseguenze).
- Qualunque cosa abbia deciso di fare accoglierò con rispetto la rea-

---

[6] Sto facendo un solo esempio semplicistico dell'importanza nel sentire e nell'utilizzare la rabbia in diverse occasioni di vita.

zione del bambino, in fondo anche lui ha il diritto di fare, e quindi reagire, come vuole.

• Non cercherò di convincere a tutti i costi il bambino della bontà delle mie azioni in quanto non cerco la sua approvazione. Non pretendo che lui sia necessariamente d'accordo con me.

Per fare un esempio concreto, se un bambino arrabbiato comincia a scalciare e a reagire in maniera violenta nei confronti del genitore che lo vuole portare via dal parco, un comportamento possibile seguendo i quattro punti potrebbe essere il seguente[7]:

• Lo capisco, se avessi la sua età forse farei lo stesso.

• Irritato dai calci che mi sta dando, mostro apertamente la mia irritazione e gli dò uno schiaffo leggero[8] sulla gamba.

• Il bambino si offende e piange. Continuo a capirlo, sono dispiaciuto ma non mi pento di quello che ho fatto. Lo prendo in braccio e vado via dal parco consolandolo[9].

• Tornando a casa il bambino continuerà a essere offeso con me e cercherà la madre per essere consolato. Non cercherò di convincerlo che io sono buono e che ho fatto la cosa giusta. Se proprio me lo chiederà dirò che ho fatto quello che credevo giusto, e se sarà il caso spiegherò le mie ragioni (per esempio, mi ero stufato di stare al parco).

Questa modalità di approccio aiuta il bambino a comprendere che è importante gestire la rabbia (se urlo papà non mi aggredisce ma se gli

---

[7] Quelli che seguono sono quattro semplici esempi. Le situazioni reali sono spesso molto più complesse senza tener conto che l'approccio verso un bambino di tre mesi o uno di tre anni cambia radicalmente. Ma il concetto di fondo, la metodologia da applicare non cambia.

[8] Il miglior termine che ho sentito per descrivere il suddetto schiaffo è "schiaffo orientativo". Non è un termine tecnico ma dà l'idea. Un buffetto a tre dita, il cui solo gesto può avere un valore enorme per il bambino che lo subisce. Non fa mai del male fisico ma "ferisce" l'amor proprio del bambino. Il concetto sotteso è insegnare al bambino che ad ogni azione corrisponde una reazione.

[9] Il genitore riesce in questo caso a esprimere entrambe le emozioni che prova: rabbia e dispiacere. Non nega la sua rabbia né il suo dispiacere di vedere il proprio figlio soffrire e piangere. Questa sana duplicità gli consente di essere arrabbiato e contemporaneamente consolare il piccolo.

dò i calci e gli faccio male si difenderà) senza la pesantezza dei sensi di colpa e con la sicurezza che qualunque cosa succeda il genitore gli vorrà sempre bene.

Potrebbe sembrare poco, ma in realtà molti problemi che si manifestano in età adulta traggono origine da un non corretto approccio nel processo di educare i figli.

La disciplina del cambiamento

Ritornando con un balzo al discorso iniziale, se il comportamento spontaneo nasce da un apprendimento "cristallizzante" o "giudicante", proprio perché abitualmente e automaticamente usato per anni, potrebbe richiedere per essere modificato – soprattutto all'inizio – concentrazione e disciplina:

- Concentrazione per evidenziarlo e identificarlo all'interno del nostro vivere quotidiano.
- Disciplina per modificarlo con un comportamento nuovo che riteniamo più efficace per la nostra salute e per noi stessi.

Come uno sportivo che focalizzi la sua attenzione per evidenziare un "vizio" nel suo stile di gioco e con concentrazione e allenamento modificherà il suo comportamento per essere più efficace sul terreno, così una persona che voglia modificare alcuni comportamenti che valuta come nevrotici, dovrà in alcuni casi focalizzarsi e allenarsi.

Conclusione

La spontaneità è una parte importante nella nostra vita, ma non necessariamente la parte più autentica. Modificarla richiede sforzo e impegno, e a volte tanta disciplina per passare da un atteggiamento nevrotico a uno salutare, e quindi più in linea con il nostro vero modo di essere. In questo senso "costringere" noi stessi al cambiamento non è necessariamente un comportamento negativo, se ha come scopo quello di beneficiare noi stessi e se è sempre accompagnato da una calda e amorevole comprensione delle nostre potenzialità ma anche dei nostri limiti.

Violenza in famiglia

Quando si parla di violenza in famiglia tendenzialmente le persone immaginano un uomo che picchia la moglie o perpetra una violenza sessuale su un figlio o una figlia. In realtà ogni atto di violenza, fisica o psicologica, perpetrato da un adulto nei confronti del partner o di un figlio dovrebbe essere considerato un atto di violenza familiare. D'altronde le violenze fisiche sono molto più evidenti e lasciano segni più visibili a dispetto di quelle psicologiche e l'uomo, con la sua maggiore fisicità, ha maggiori possibilità di rendersi colpevole di una violenza di tipo fisico.

Di fatto una donna (figuriamoci un bambino), salvo casi particolari, è sostanzialmente disarmata (sia fisicamente che psicologicamente)[1], di fronte a un uomo che decide di farle male fisicamente, quindi è comprensibile che il maschio possa essere associato all'idea di violenza più di una donna. Spesso questo atteggiamento però fa passare in secondo piano un tipo di violenza, quella psicologica, che può essere perpetrato con pari e crudele efficacia da entrambi i partner.

Detto questo, desidero concentrarmi in questo articolo sulla violenza che molte donne subiscono dai propri partner e provare a rispondere a una domanda fondamentale: perché? Perché ci sono donne che vivono anni dopo anni subendo le violenze del partner? Perché molte di loro proteggono a spada tratta i loro mariti se vengono giudicati malamente da altri? Perché alcune di loro, anche di fronte a violenze efferate compiute dagli stessi uomini verso i loro figli sopportano in silenzio? E potrei continuare all'infinito.

---

[1] Non va sottovalutato che non fanno male solo le botte ma il terrore in cui la donna può vivere nel timore di scatenare l'ira dell'altro. Spesso il terrore, vissuto quotidianamente, può arrivare a causare più danni dell'eventuale sporadica offesa fisica.

Proviamo a darci qualche risposta[2].

Il concetto di violenza

Violenza è un termine generico che include diverse tipologie di atti al suo interno. Tendenzialmente si intende violenza uno o più atti volontari che tendono a ridurre la libertà, a ferire o a sminuire il valore della persona verso cui vengono intrapresi. Visto in questo modo agire una violenza può significare diverse cose, quelli che seguono sono solo alcuni esempi concreti:

- Una donna viene quotidianamente presa in giro/ridicolizzata dal marito, che raramente elogia le sue doti e qualità;
- A una donna viene vietato dal marito di apportare alcuna modifica nell'arredamento della casa senza prima aver ottenuto la sua autorizzazione;
- Il marito pretende che la donna rinunci alle sue amicizie/parentele per le proprie;
- Il marito pretende che la donna obbedisca ai suoi ordini/raccomandazioni in quanto obiettivamente dichiara di essere migliore e più intelligente di lei;
- Il marito ha la tendenza a minacciare di o a picchiare la moglie durante le liti domestiche
- ecc.

Tutti questi atti sono esempi concreti di possibili violenze a livello domestico. Ma manca un tassello per completare il quadro d'insieme. Di fatto una "violenza domestica" dal mio punto di vista è una violenza reiterata, ripetuta nel tempo. Una donna che non accetta e si allontana da simili situazioni subirà una violenza, ma non dovrà sopportare tale violenza per un lungo periodo di tempo.

Di fatto quindi, affinché una violenza domestica si attui, occorre che la donna accetti di sopportare tutto questo. In questo senso potremmo

---

[2] Mi sento in dovere di avvisare chi legge che tenterò di affrontare l'argomento nella maniera più tecnica e obiettiva possibile. Ciò potrebbe ferire chi, magari anche solo in maniera indiretta, abbia vissuto simili situazioni. Posso solo dire che le mie parole non sono scritte per ferire ma solo per tentare di comprendere e, se possibile, evitare che tali atti possano accadere o continuare a farlo.

dire che affinché una violenza domestica si attui occorrono due responsabili: un uomo che agisca comportamenti di violenza e una donna che accetti, in qualche modo accolga, tali comportamenti. Entrambi, in maniera diversa, promuovono la violenza all'interno della propria famiglia[3].

Perché accogliere la violenza nella propria vita?

Nella mia esperienza ci sono tre grandi motivi che possono spingere una donna ad accettare di subire la violenza nella propria vita:

* Una bassa autostima;
* Un'abitudine pregressa alla violenza;
* La convinzione di avere davanti a sé una persona bisognosa di aiuto.

Queste tre motivazioni raramente si presentano da sole, e sono strettamente interconnesse fra loro. Ma andiamo ad analizzarle meglio.

Una bassa autostima

Avere una bassa autostima significa sostanzialmente essere convinti, in maniera più o meno conscia, che il proprio valore – come essere umano, come persona, come essere vivente – sia basso e spesso minore delle persone che ci circondano.

Una persona con bassa autostima tende a porre i bisogni degli altri prima dei propri, poiché più importanti. Inoltre ha la tendenza a vedere qualsiasi forma di punizione che subisce come giusta, meritevole. Il ragionamento che si può instaurare in questi casi può di fatto giustificare la violenza subita in quanto probabilmente me lo merito in quanto sono "cattiva".

Un'altra tendenza della persona con bassa autostima è quella di accontentarsi del rapporto che ha e di vedere il proprio uomo come l'"unico" da cui poter essere amata. In questo senso la donna sarà grata al suo uomo, che la ama con tutti i suoi difetti, con tutta la sua negatività. La donna[4] con bassa autostima è spesso pervasa da un forte senso di colpa,

---

[3] È importante sottolineare che tale "promozione" non avviene coscientemente. Entrambi spesso sono convinti di fare l'unica cosa possibile e forse anche giusta in quella determinata situazione.

[4] Il medesimo ragionamento potrebbe essere applicato benissimo anche ad un uomo.

e tende a vedere le sue legittime richieste (per esempio il diritto a dire ciò che pensa) come una pretesa, un moto di arroganza.

È chiaro che con un simile ragionamento a guidare le proprie azioni il rischio di accettare qualsiasi tipo di sopruso aumenta, sia a casa che sul lavoro. Di fatto una donna con bassa autostima può non sentirsi in diritto di fare nulla, ritenersi fortunata di aver trovato l'unico uomo sulla terra che la sopporta, e in fondo meritare le limitazioni alla sua libertà che subisce con stoica rassegnazione.

Un'abitudine pregressa alla violenza

Una donna che ha respirato la violenza fin da piccola avrà forti difficoltà a riconoscere una situazione violenta come tale. Ovvero se ho visto mia madre subire simili trattamenti fin da bambina sarà per me più difficile riconoscere tali situazioni come anormali. Avendo da sempre fatto parte della mia vita, penserò che siano assolutamente nella norma, che tutte le famiglie si comportino in quel modo, che sostanzialmente sia giusto che le cose vadano in questo modo.

Una simile abitudine può portare la persona a banalizzare qualsiasi forma di violenza che subisca. Il ragionamento sotteso può essere del tipo: «È tutto normale, e quindi non ci si può fare niente». Queste persone inoltre tendono a sviluppare, per la propria stessa sopravvivenza, un tasso di tolleranza[5] allo stress estremamente alto, che favorisce una tendenza a subire privazioni alla loro libertà che altri non potrebbero minimamente tollerare.

Inoltre, chi vive respirando la violenza ogni giorno, potrebbe addirittura spaventarsi di fronte a una situazione di reale normalità. In quanto spaventata potrebbe addirittura rifuggirla, e quindi perdere occasioni preziose per modificare la propria vita (è importante sottolineare che per violenza intendo sia la quella fisica che quella psicologica).

La convinzione di avere davanti a sé una persona bisognosa di aiuto

Stiamo parlando di una donna che non solo è convinta che il suo uomo abbia bisogno di aiuto ma anche che lei sia l'unica persona in grado di

---

[5] Tollerare non significa gestire. La tolleranza è associata all'idea di subire, mentre la gestione a reagire costruttivamente ad un evento stressante.

darglielo veramente. Di conseguenza la donna si sente l'unica vera responsabile dei problemi presenti nel rapporto, in quanto l'unica che potenzialmente ha le capacità di risolverli. Le frasi connesse a questo tipo di approccio possono essere "forse sto sbagliando qualcosa", oppure "non ho fatto abbastanza", o ancora "magari c'è qualcosa che potrei fare ma non ho ancora fatto" ecc.

La tendenza è di "rifiutare" la possibilità che il proprio partner possa essere corresponsabile di eventuali problemi inerenti al rapporto. Il partner viene visto come una persona che va aiutata, compresa, sostenuta fino a che non riuscirà a uscire dai suoi problemi.

In questo senso la donna si sente investita (ma in realtà si prende autonomamente) della responsabilità di curare/salvare il suo compagno.

È una missione che porta avanti con grande dignità e per cui inconsciamente è pronta a sacrificarsi. Tutti i comportamenti del compagno vengono vissuti in quest'ottica: il compagno non è visto quindi un violento ma una persona disperata, non un aggressivo ma una persona che ha serie difficoltà a esprimersi, una persona con seri problemi, da accudire e da difendere, anche a costo della libertà e sicurezza personale. Una donna simile difenderà a spada tratta il suo compagno e giustificherà qualunque sua azione, anche la più efferata senza – apparentemente – battere ciglio.

La nascita di un figlio

La situazione può complicarsi nell'eventualità della presenza di un figlio/a, che si troverà a crescere in un equilibrio particolarmente insano.

Il rischio che la madre possa non difendere il figlio dalle violenze perpetrate dal padre è, purtroppo, alto.

Si è visto infatti che la donna, nei casi ipotizzati, accetti di buon grado di vivere in tale situazione convinta, per un verso o per un altro, di fare la "cosa giusta", e questo meccanismo fa sì che il figlio/figlia sia esposto alla possibilità di divenire egli stesso vittima di soprusi.

Potrebbe, per esempio, "ereditare" la bassa autostima della madre, divenendo vittima del padre – con o senza la collaborazione più o meno esplicita della madre – o, all'opposto, allearsi con il padre contro la madre, trasformandosi in un violento.

In alcuni casi, potrebbe divenire vittima di entrambi i genitori, con

la madre in questo frangente che sfogherà su di lui le rabbie e le sofferenze accumulate nel rapporto con il compagno.

A questo punto il figlio subirà una doppia denigrazione, subendo le
problematiche di entrambi i genitori.

Tutto ciò potrebbe portare il figlio a sfogare le proprie frustrazione
verso di sé o verso gli altri, adottando o comportamenti autolesionistici
(abuso reiterato di droga, alcool, o comportamenti a rischio come guida
pericolosa, ecc.) o comportamenti violenti.

Il principio di omertà familiare

A complicare le cose, le famiglie tendenzialmente "violente" spesso svi-
luppano una spiccata forma di comportamento omertoso. All'esterno
delle violenze si parla poco o nulla, o perché vengono considerate
normali ma ancora più spesso per evitare di fare brutta figura. Anche
qui la madre può essere estremamente convincente e pressante nel richiedere il silenzio e la riservatezza da parte dei figli. L'idea sottesa è
che "gli altri non capiscono" oppure il desiderio "di non fare arrabbiare
papà" o ancora che tanto "gli altri non possono aiutarci, ce la dobbiamo cavare da soli". Lo sforzo è tutto teso a mantenere inconsciamente
lo *status quo*, a evitare che la situazione, l'equilibrio vigente venga in
qualche modo alterato, compromesso. Ma perché? Occorre a questo
punto introdurre il concetto di beneficio secondario della malattia.

Beneficio secondario della malattia

Il concetto è di una semplicità disarmante, ma spesso difficile da digerire
anche per molti addetti ai lavori. Detto in parole povere, significa che
ogni malessere psicologico, per quanto invalidante possa essere (depres-
sione, nevrosi, ecc.) porta un "beneficio" al malato e al suo gruppo sociale di appartenenza (es. la sua famiglia). Il beneficio di cui si parla non
è un vantaggio sano, salutare, ma è comunque una sorta di utile che tutti
"incassano" a carissimo prezzo dalla situazione di malessere.

Un grande depresso che rimane immobile nel suo letto dalla mattina
alla sera, comunque ottiene una grande attenzione da parte di tutta la
famiglia che accoglie qualunque suo atteggiamento giustificandolo per
la sua condizione psichica. Ma non solo. I familiari vengono giudicati

positivamente dalla comunità perché si prendono cura della persona depressa con grande dignità. Quindi mentre il depresso incassa la completa attenzione da parte della propria famiglia, la famiglia incassa la stima degli altri.

È da sottolineare che ciò avviene in maniera del tutto inconscia, e quindi non consapevole, ma avviene. E tale beneficio incide sulla difficoltà da parte di tutti di modificare l'equilibrio esistente. Il depresso potrebbe aver paura di perdere le attenzioni e quindi l'affetto della propria famiglia, mentre la famiglia potrebbe poter temere di perdere il supporto da parte della comunità.

Ma proviamo a traslare questo discorso sulla famiglia violenta.

Il beneficio di essere maltrattata

Ma quale beneficio si può trarre dal maltrattamento? Purtroppo ne esistono, anche se in alcuni casi può essere molto difficile vederli. Per comodità li divido in due grandi classi: esterni e interni.

- *Esterni*: sono tutti quei benefici, gratificazioni che provengono dall'esterno. Per esempio, una donna riceve un supporto morale ed economico dalla propria famiglia, che la aiuta a reggere il confronto con il proprio partner.
- *Interni*: benefici e gratificazioni che derivano dal vissuto interno della persona. Per esempio, una donna può sentirsi gratificata nel sopportare una situazione di disagio, perché convinta in quel modo di ottenere la stima e l'approvazione di tutti o di alcuni membri della propria famiglia.

È importante sottolineare che tali benefici sono spesso inconsci, e hanno sempre una caratteristica di assolutezza, ovvero la persona è assolutamente convinta non soltanto che perderebbe tali benefici se decidesse di ribellarsi alla violenza, ma anche che verrebbe giudicata negativamente per lo stesso motivo.

Un caso realisticamente possibile

Prendiamo il caso di una donna sposata a un uomo dai modi aggressivi, che tende a schiacciarla psicologicamente e che periodicamente manifesta comportamenti violenti nei suoi confronti. Fra parentesi, sottolineerò esempi di benefici secondari, sintetizzando in BI i benefici interni e in BE quelli esterni.

La donna è profondamente innamorata del marito, e ha alle spalle una famiglia che l'ha trattata sempre aggressivamente. Il padre la picchiava fin da piccola per qualsiasi mancanza, e col tempo è stata sempre denigrata per la sua stupidità. Anche laureata a pieni voti la donna si è sempre sentita stupida, debole e in qualche modo in debito con i propri genitori, che hanno saputo amarla anche con tutti i suoi difetti e limiti.

Si confida con la madre delle botte ricevute dal marito, e per la prima volta le due donne sono vicine (BE/BI). La madre la incoraggia a comprendere gli umori del marito, e a cercare di soddisfarlo come meglio può. La donna si sente vicino alla madre, in qualche modo desiderosa di essere alla sua altezza e orgogliosa di ricevere i suoi consigli (BI). Si prodiga ancora di più per andare incontro al marito e cerca di trattenere la propria rabbia che vede come sbagliata, anche perché è proprio a causa di quella rabbia che il marito reagisce a volte con violenza (BI). Ne parla con alcune amiche: alcune le intimano di lasciare quel pazzo, altre cercano di starle accanto lasciandola sfogare (BE). Comincia a evitare quelle che le intimano di lasciare il marito: non capiscono la situazione, non riescono a capire che è lei in qualche modo la responsabile del suo disagio (BI). Continua a frequentare le altre, che le danno conforto, che la capiscono, che in qualche modo le danno ragione e non torto come le altre (BE)...

Ma allora... la colpa di tutto é della donna?

Un approccio terapeutico al problema non considera la colpa ma la dinamica del problema elemento cardine per facilitare una soluzione definitiva del disagio. La colpa può andare bene come concetto legale, e in questo senso è evidente che legalmente parlando il marito, se perpetra violenza fisica verso la moglie, è l'unico colpevole dell'evento. Ma terapeuticamente parlando, un simile approccio può risultare fallimentare.

Si corre il rischio infati che la donna, vedendo come unico responsabile il marito, possa continuare a percepire il proprio atteggiamento come giusto e quindi replicarlo anche con altre persone. Ovvero il rischio é che la donna continui a subire ingiustizie e a non affermare i propri diritti con forza, e addirittura a essere attratta da persone che facilitino questo suo modo di interpretare la vita.

In questo senso è fondamentale che la donna divenga consapevole delle responsabilità del coniuge ma al tempo stesso delle proprie, per attivarsi nel modificare il proprio atteggiamento alla vita per prevenire ed evitare in futuro che situazioni simili possano ripetersi in ogni aspetto della propria esistenza.

Conclusione

In psicologia non esistono colpevoli o innocenti, ma dinamiche e atteggiamenti che possono favorire o, all'opposto, mettere a dura prova la nostra salute e il nostro benessere psico-fisico. Anche le situazioni più difficili e gravose, senza nulla togliere alle nostre opinioni e valori personali, vanno analizzate in maniera più ampia per trovare una soluzione definitiva al problema. In questo senso per far sì che una donna che subisca una reiterata violenza domestica possa diventare una donna che sappia difendere e tutelare se stessa, occorre vederla come corresponsabile del proprio stato, e aiutarla a modificare il proprio modo di affrontare la realtà per renderla più capace nel difficile compito di prendersi cura di sé.

www.ingramcontent.com/pod-product-compliance
Lightning Source LLC
Chambersburg PA
CBHW060409290526
45791CB00002B/676